SUPERDICAS

PARA LER E INTERPRETAR TEXTOS NO

ENEM

William Roberto Cereja
Ciley Cleto

SUPERDICAS

PARA LER E INTERPRETAR TEXTOS NO ENEM

1ª edição

2ª tiragem – 2011
Conforme a nova ortografia

Editora Saraiva

978-85-02-13701-1

Gerente editorial: Rogério Carlos Gastaldo de Oliveira
Editora-assistente, edição e preparação de texto: Kandy Sgarbi Saraiva
Diagramação: RO Comunicação
Auxiliares de serviços editoriais: Rute de Brito/Mari Kumagai
Revisão: Pedro Cunha Jr. e Lilian Semenichin (Coords.) / Luciana Azevedo
Produtor gráfico: Rogério Strelciuc
Gerente de arte: Nair de Medeiros Barbosa
Projeto gráfico: Antônio Roberto Bressan
Capa: Aero Comunicação
Ilustrações: Adolar
Coordenador da Série Superdicas: Reinaldo Polito

Dados Internacionais de Catalogação na Publicação (CIP)
(Câmara Brasileira do Livro, SP, Brasil)

Cereja, William Roberto
Superdicas para ler e interpretar textos no Enem /
William Roberto Cereja, Ciley Cleto. --
1. ed. -- São Paulo : Saraiva, 2011. --
(Série Superdicas)

Bibliografia.
ISBN 978-85-02-13701-1

1. ENEM - Exame Nacional do Ensino Médio 2. Leitura
(Ensino médio) 3. Português - Estudo e ensino 4. Textos -
Interpretação (Ensino médio)
I. Cleto, Ciley. II. Título.

11–08350 CDD–469

Índice para catálogo sistemático:

1. Português : Interpretação de textos e
habilidades em leitura : Ensino Médio 469

Editora Saraiva

Rua Henrique Schaumann, 270 – CEP 05413-010 – Pinheiros – São Paulo-SP
Tel.: PABX (0**11) 3613-3000 – Fax: (0**11) 3611-3308 – Televendas: (0**11) 3613-3344
Fax Vendas: (0**11) 3611-3268
Endereço Internet: www.editorasaraiva.com.br

IMPRESSÃO E ACABAMENTO
Bartira Gráfica e Editora S/A

Dedicamos esta obra a Suraia Jamal Batista,
que, no horizonte das competências e habilidades,
despertou em nós um novo olhar sobre o ensino de leitura.

Sumário

Apresentação

Mapas, tabelas, poemas, cartuns, quadrinhos, fotos, pinturas, crônicas, reportagens... Você já reparou na diversidade de textos que caem nos exames do Enem? Se você pretende fazer esse exame, é natural que se preocupe com isso. Afinal, como ler uma tabela, uma pintura, um infográfico? Como ler e interpretar textos em diferentes tipos de linguagem, como uma história em quadrinhos ou uma pintura? Como melhorar a capacidade de ler textos em todas as disciplinas?

A leitura é a principal ferramenta para resolver qualquer tipo de questão. Para desenvolver ou melhorar sua competência leitora, é preciso dominar as principais habilidades de leitura, isto é, as operações mentais necessárias para abrir um texto, para fazer inferências a partir dele, para levantar hipóteses, relacionar, interpretar, concluir etc.

Essas operações não são necessárias apenas às questões de língua portuguesa. Elas são transdisciplinares, ou seja, você as utiliza sempre, seja para analisar um gráfico com indicadores econômicos ou sociais, seja para analisar uma tabela ou mapa com informações sobre a saúde da população, seja para interpretar um poema ou uma pintura, seja para estabelecer relações ou comparações entre textos de diferentes linguagens.

Assim, para se sair bem nas provas do Enem, saiba que ter domínio das habilidades de leitura é tão importante quanto dominar o conteúdo de cada disciplina.

Esta obra foi escrita com o objetivo de ajudá-lo a ser um leitor competente. Em 60 dicas, apresentamos as principais habilidades de leitura, necessárias à leitura de qualquer tipo de texto. Partindo de situações comuns do cotidiano, você vai aprender primeiro o que significa *comparar*, *relacionar*, *levantar hipóteses*, *interpretar* etc., e depois vai ver, por meio de questões extraídas dos exames do Enem, como essas habilidades são exigidas nessa prova, desde as questões mais simples até as mais complexas, chamadas situações-problema.

Enfim, este é um livro pensado e elaborado para você, que vai prestar o Enem e os exames de vestibulares; um livro que oferece ferramentas para que vença, com segurança, mais uma etapa da sua vida. E também para você, que deseja aprimorar sua competência leitora como meio de alargar os horizontes de sua leitura de mundo.

Os Autores.

1

Saiba o que é o Enem

O Exame Nacional do Ensino Médio, o Enem, foi criado em 1998 para avaliar o desempenho do estudante que concluiu ou está concluindo o ensino médio.

Como o exame era facultativo, nos primeiros anos era relativamente baixo o número de participantes. Restringia-se a alunos que, voluntariamente, desejavam se autoavaliar e conhecer sua real condição para ingressar na universidade ou na vida profissional.

Contudo, não demorou muito para que as escolas de ensino médio percebessem que o exame era uma ótima oportunidade de avaliar não apenas seus alunos — no caso, com uma avaliação externa, impessoal, igual para todos —, mas também a própria instituição, já que bons resultados no Enem equivaliam a um "atestado de qualidade" ou sinal verde para a qualidade da equipe de professores e técnicos, a metodologia adotada, os recursos disponíveis e o projeto de ensino.

do exame; publicou um documento importante — *a Matriz de Referências para o Enem 2009*, no qual divulga competências, habilidades e conteúdos que serão avaliados —; e flexibilizou o modo como a nota do Enem pode ser aproveitada.

Desde então, as provas do Enem infelizmente tiveram alguns problemas, como quebra de sigilo e erros de impressão. Apesar disso, essas falhas não comprometeram a força do exame, que tem, todos anos, mais de 4 milhões de inscritos.

Se você pretende fazer um curso superior, verifique no *mapa de adesão do site* do Enem (www.enem.inep.gov.br) se a universidade ou faculdade em que você quer estudar adota o Enem como referência. Em caso positivo, convém conhecer a *Matriz de Referências para o Enem 2009* no endereço eletrônico www.enem.inep.gov.br/Enem2009_matriz.pdf.

3

Faça a prova do Enem

Ninguém é obrigado a prestar o Exame Nacional do Ensino Médio, o Enem. Mas, com a importância que ganhou nos últimos anos, ele certamente vai ajudar você a entrar numa boa universidade. E o melhor da conversa é que essa nota só será pontuada se for para ajudar, ou seja, se aumentar sua média; caso contrário, ela será desprezada.

São muitas as vantagens em prestar o exame. A primeira é que você pode avaliar o que aprendeu durante sua vida escolar, isto é, verificar se desenvolveu as competências e habilidades exigidas na prova e avaliar sua capacidade de lidar com as situações-problema propostas pelo exame.

Outra vantagem é que o Enem é a porta de entrada para uma das 59 universidades federais do país e para dezenas de outras instituições, públicas e privadas, que aderiram ao exame. Neste caso, cada uma delas pode adotar um critério próprio para utilizar a prova do Enem:

- como fase única, com o sistema de seleção unificada, informatizado e *on-line*;
- como primeira fase;
- combinada com o vestibular da instituição;
- como fase única para as vagas remanescentes do vestibular.

Além das universidades federais, também as estaduais podem fazer uso da nota do Enem, desde que queiram. Quanto às universidades e faculdades privadas, cerca de 500 instituições de ensino superior têm adotado o Enem, de modo parcial ou total, para selecionar seus calouros.

Outra vantagem muito importante é que o MEC criou o Sistema de Seleção Unificada (Sisu), todo informatizado, *on-line*! Por meio dele, você poderá fazer até duas opções de curso numa mesma instituição ou em instituições diferentes. O sistema informa, por exemplo, o número de vagas disponíveis na carreira e na instituição escolhidas e o peso que cada uma das áreas de conhecimento terá em sua prova.

Para jovens e adultos com mais de 18 anos que não concluíram o ensino médio ou ainda não têm o certificado, o Enem ajuda a regularizar essa situação. É só o candidato participar da prova e, se aprovado, terá direito a obter o certificado. Para ser aprovado, precisa alcançar 400 pontos em cada área de conhecimento e 500 na prova de redação.

E, se você tem dificuldades financeiras para fazer um curso superior, o Enem também pode dar uma mãozinha. Com a sua nota, você pode concorrer a uma bolsa de estudo do ProUni, o Programa Universidade para Todos (http://prouniportal.mec.gov.br).

Deu pra perceber que, sem o Enem, as coisas ficam mais difíceis, não? Então, está esperando o quê? Faça sua inscrição e sucesso!

4

Aplique os quatro pilares do conhecimento

A Comissão Internacional sobre a Educação para o Século XXI, ligada à Unesco, produziu, no início do século XXI, um relatório enfatizando os quatro pilares de um novo tipo de educação. De acordo com esse documento, a educação necessária ao novo século poderia ser sintetizada assim:

> "Para poder dar respostas ao conjunto de suas missões, a educação deve organizar-se em torno de quatro aprendizagens fundamentais que, ao longo de toda a vida, serão de algum modo, para cada indivíduo, os pilares do conhecimento: aprender a conhecer, isto é, adquirir os instrumentos da compreensão; aprender a fazer, para poder agir sobre o meio envolvente; aprender a viver juntos, a fim de participar e cooperar com os outros em todas as atividades humanas; finalmente aprender a ser, via essencial que integra as três precedentes. É claro que estas quatro vias do saber constituem apenas uma, dado que existem entre elas múltiplos pontos de contato, de relacionamento e de permuta."
>
> (DELORS, Jacques (coord.) et al. *Educação: um tesouro a descobrir;* relatório para a Unesco da Comissão Internacional sobre

Educação para o Século XXI. São Paulo: Cortez; Brasília, DF: MEC/Unesco, 1998. p. 89-102.)

Se você observar os documentos oficiais e os exames do Enem, verá que eles têm muitas semelhanças com os objetivos da Unesco. Esses pilares, assim como os cinco eixos cognitivos, são *transdisciplinares*, isto é, perpassam e ligam as disciplinas como vasos comunicantes.

Você será avaliado segundo esses pilares e eixos, pois fazem parte de uma nova concepção de educação, que visa a formação integral do ser humano. Vamos analisá-los:

1. Aprender a conhecer – Você terá de conhecer o conteúdo das disciplinas e procurar construir pontes entre elas, com visão crítica e espírito científico, aberto a pesquisas e descobertas.

2. Aprender a fazer – Para resolver uma questão do Enem, você também terá de dominar o conteúdo, porém, mais importante que o conteúdo em si, é saber como utilizá-lo e para quê.

3. Aprender a conviver – É mais que um aprendizado, é uma atitude que se aprende e se coloca em prática a vida toda. Conviver com o diferente é um exercício de cidadania. Nas questões do Enem, são inúmeras as situações relacionadas com diversidade e diferenças de toda ordem. Cabe a você optar pela alternativa mais coerente com os princípios de uma postura ética e cidadã.

4. Aprender a ser – É uma síntese do aprender a conhecer, do aprender a fazer e do aprender a conviver, uma aprendizagem que promove a reflexão sobre quem somos individualmente, sobre quem somos em sociedade e de que modo podemos contribuir para uma vida melhor no convívio com os outros. Nas questões do Enem, a reflexão sobre os interesses individuais e coletivos está sempre presente e exige de você um posicionamento cidadão.

Assim, antes de fazer a prova do Enem, entenda esse pilares e aprenda a aplicá-los.

5

O que é texto?

O que é um texto? Quando entra numa biblioteca e, numa placa afixada na parede, está escrito "Silêncio!", o que você entende? Pelo contexto, sabe que lá ninguém pode falar alto, pois as pessoas estão concentradas e não devem ser incomodadas com nenhum tipo de barulho. Nessa situação, a palavra "silêncio", mesmo sozinha, constitui um enunciado com unidade de sentido. Logo, ela é um **texto**! Mas se essa mesma palavra estivesse num papel jogado no chão, não teria o mesmo significado, não seria um texto; seria apenas uma palavra solta num papel amassado no chão.

Não importa o tamanho. Um texto pode ser constituído de um ou mais enunciados, e cada enunciado pode conter uma ou mais palavras. Para ser um texto, o enunciado necessita sempre de um **contexto**, no qual ele constitui sentido. Um texto considerado em seu contexto de produção chama-se discurso (veja a dica 6).

Quando falamos, produzimos um texto *oral*; quando escrevemos, produzimos um texto *escrito*. Mas um texto não é feito apenas de palavras. Além do *texto verbal*, cuja unidade concreta é a palavra, há também os *não verbais*: escultura, pintura, fotografia, ilustração, música instrumental etc., e os *textos multimodais*, isto é, textos que podem apresentar ao mesmo tempo linguagem verbal e não verbal, como cartuns, quadrinhos, anúncios publicitários, charges, filmes, peças teatrais, canções, gráficos e tabelas etc.

Estamos cercados de textos. Vivemos entre textos! Piadas, poemas, romances, tabelas, mapas, fotos, infográficos, grafites, conversas telefônicas, bilhetes, conferências, notícias de jornal, receitas, embalagens, entrevistas na TV e no rádio — tudo isso são textos.

Os textos são produzidos nas mais diferentes linguagens: na linguagem da literatura, na do jornalismo, da publicidade, do teatro, do cinema, da música, das artes plásticas, da Ciência etc.

Nas provas do Enem, todos esses tipos de textos e linguagens podem ser utilizados. Numa mesma questão, você pode encontrar textos de diferentes linguagens, como uma tabela e uma notícia, ou um gráfico e um texto historiográfico, ou um poema e um conjunto de pinturas, ou um cartum e um texto científico, por exemplo.

Para ter êxito nas provas do Enem, você precisa vivenciar ao máximo todos esses tipos de linguagem e texto, familiarizando-se com eles e sabendo transferir informações de um texto para outro, ou estabelecer relações entre eles, independentemente do tipo de linguagem em que foram produzidos.

6

De olho no texto e no contexto

O sentido de um texto não depende apenas do próprio texto. O contexto em que foi produzido também é muito importante para constituir seu sentido. Às vezes, um mesmo texto pode até apresentar sentidos diferentes, dependendo da situação em que foi produzido.

Por exemplo: se uma mãe diz ao filho: "Estou indo para o trabalho. **Tem leite na geladeira, tá?**", entende-se, pela frase em destaque, que a mãe está recomendando ao filho que tome leite enquanto ela estiver fora, ou porque o filho pode sentir fome, ou porque o leite fará bem a ele. Mas se, antes de sair, ela disser à avó do garoto "Por favor, faça um bolo de chocolate. **Tem leite na geladeira, tá?**", o sentido é outro. Provavelmente, ela quer dizer à avó que *agora* há leite na geladeira, isso porque, antes, certamente não havia.

Observe agora esse mesmo enunciado em outro contexto: você está caminhando na rua e alguém que você nunca viu na vida diz: **"Tem leite na geladeira, tá?"**. Com certeza, essa situação vai lhe causar estranhamento! Tudo porque não há contexto para que um estranho diga isso a você.

Quando examinamos um texto em sua situação de produção — isto é, quando levamos em conta não apenas o que foi escrito e como foi escrito, mas também aspectos como quem fala, com quem fala, em que situação, com qual intenção etc. —, temos não apenas o texto, mas o **discurso**: um texto considerado dentro de seu contexto de produção, ou seja, quando são levados em conta todos os aspectos que estão em seu entorno.

Nas questões do Enem isso pode aparecer de várias formas: em tiras, por exemplo, para que você interprete a intenção da fala da personagem num contexto específico, analise por que a personagem diz algo de uma forma e não de outra, ou aponte como ela poderia se expressar de outra maneira.

Outra possibilidade, ainda, partindo de gêneros como tira ou anedota, é que você tenha de analisar por que houve, por exemplo, uma quebra de expectativa do leitor, geralmente no último quadrinho ou no final da anedota.

As charges, que quase sempre exploram temas políticos e sociais do momento, são normalmente construídas a partir da contradição entre o que uma personagem (geralmente alguém da política) diz e o que se vê no contexto retratado. Por exemplo, um político dizendo que é contra a corrupção em uma charge cujo desenho mostra dinheiro escondido em sua cueca.

Portanto, em questões desse tipo, que focam não apenas o texto, mas o discurso, você deve estar sempre atento ao texto e ao seu contexto, já que os elementos da situação também produzem sentido.

7

Texto e discurso nas provas do Enem

Leia esta questão da área de Linguagens, Códigos e suas Tecnologias de uma prova do Enem:

¡BRINCANDO!

KangaROOS llega a México con diseños atléticos, pero muy *fashion*. Tienen un toque *vintage* con diferentes formas y combinaciones de colores. Lo más *cool* de estos tenis es que tienen bolsas para guardar llaves o dinero. Son ideales para hacer ejercicio y con unos jeans obtendrás un *look* urbano.

www.kangaroos.com

Revista Glamour Latinoamérica. México, mar. 2010.

O texto publicitário utiliza diversas estratégias para enfatizar as características do produto que pretende vender. Assim, no texto, o uso de vários termos de outras línguas, que não a espanhola, tem a intenção de

Ⓐ atrair a atenção do público-alvo dessa propaganda.
Ⓑ popularizar a prática de exercícios esportivos.
Ⓒ agradar aos compradores ingleses desse tênis.
Ⓓ incentivar os espanhóis a falarem outras línguas.
Ⓔ enfatizar o conhecimento de mundo do autor do texto.

Como o texto de base da questão acima é um anúncio publicitário de tênis — isto é, um gênero argumentativo que pretende convencer o leitor a comprar o produto em destaque —, é evidente que ele precisa atrair a atenção do público-alvo. Logo, a alternativa "a" é a mais provável. Mas por que o emprego de palavras do inglês contribui para atrair a atenção do público? Para responder, é preciso analisar o discurso, ou seja, o texto dentro do contexto apresentado (veja a dica 6).

Primeiro, observe a fonte do anúncio: *Revista Glamour Latinoamerica. México, 2010.* Você deve saber que os Estados Unidos exercem uma forte influência cultural sobre vários países da América Latina, inclusive o Brasil. Os jovens brasileiros, por exemplo, estudam inglês, usam marcas de roupas e calçados americanos, ouvem cantores e bandas americanos, veem filmes e seriados daquele país e sonham passar férias em Miami e na Disney.

No México não é diferente. O público-alvo a que se refere a questão certamente é o adolescente, que sofre fortemente a influência cultural americana. Logo, empregar termos da língua inglesa num anúncio voltado a falantes do espanhol "agrega valores", ou seja, o produto torna-se mais jovem, mais descolado, mais de acordo com o gosto do primeiro mundo.

Ao considerar a situação de produção e a esfera de recepção do texto, ou seja, quem produziu, para quem, com que finalidade, em que gênero, com que recursos linguísticos etc., o exame está considerando o anúncio não apenas como texto, mas também como discurso.

8

O que são gêneros do discurso?

Você está desempregado e foi chamado para uma entrevista. Pediram que levasse um texto em que você se apresente pessoal e profissionalmente. Que tipo de texto levaria? Uma receita? Um anúncio publicitário? Talvez uma bula? Um conto maravilhoso? Ou uma carta de apresentação?

Brincadeiras à parte, é óbvio que você levaria um *curriculum vitae*. Nele, apresentaria sua formação escolar e toda sua experiência profissional. Além disso, deixaria seus dados pessoais para futuro contato, em caso de o empregador se interessar por você.

Com esse exemplo, não é difícil perceber que, para cada situação social ou intenção de escrita, há um tipo de texto mais adequado. Assim, dependendo da situação, da intenção de quem produz o texto, de quem é o interlocutor, dos meios disponíveis para fazer o texto chegar ao destinatário, o produtor de um texto pode escolher um entre muitos dos **gêneros** existentes em nossa língua e em nossa cultura.

Se você quer instruir o seu interlocutor a fazer um bolo, escreve uma receita; se quer convencê-lo a comprar algo, produz um anúncio publicitário; se quer contar uma história fictícia, escreve ou conta um conto maravilhoso, uma fábula, entre outros; e, por fim, se quer documentar os seus dados pessoais e sua experiência profissional, escreve seu *curriculum vitae*.

Assim, os gêneros estão sempre relacionados a *esferas* de produção e circulação. Na esfera jornalística, por exemplo, são comuns gêneros como a notícia, a entrevista, a reportagem, o editorial e a crítica; já na esfera literária, temos gêneros como o conto, a crônica, o romance, a novela, o texto teatral, o poema; na esfera da correspondência, há a carta pessoal, a carta comercial, o *e-mail*, o telegrama etc.

São chamados gêneros do discurso porque, quando considerados em sua situação de produção e recepção — quem fala, para quem fala, com que finalidade, em que contexto, em que suporte etc. —, os textos são chamados também de *discursos*.

Segundo Mikhail Bakhtin, o criador do conceito de gênero do discurso, os gêneros apresentam características que sofrem poucas variações. O seu *curriculum vitae* pode ser diferente do de outra pessoa pela experiência de cada um, mas certamente eles se assemelharão quanto ao *conteúdo*, à *estrutura* e à *linguagem.*

O conceito de gênero do discurso, antes restrito ao universo acadêmico, chegou às escolas brasileiras no final da década de 1990 e, hoje, é indispensável, seja para a leitura de textos (que pertencem sempre a algum gênero), seja para a produção de textos.

Conhecer e dominar os gêneros do discurso que circulam no dia a dia é superimportante para o exercício da cidadania! Ser um bom usuário da língua não é conhecer regras ou falar difícil para querer impressionar, mas, sim, reconhecer o papel social dos gêneros, saber produzi-los de forma adequada às situações e empregar a linguagem mais adequada a cada um deles.

9

Os gêneros do discurso caem na prova

Os gêneros do discurso (veja a dica 8) também aparecem em questões do Enem. Compreendê-los ajuda bastante a ler e interpretar os enunciados. Veja:

> **Câncer** 21/06 a 21/07
>
> O eclipse em seu signo vai desencadear mudanças na sua autoestima e no seu modo de agir. O corpo indicará onde você falha – se anda engolindo sapos, a área gástrica se ressentirá. O que ficou guardado virá à tona para ser transformado, pois este novo ciclo exige uma "desintoxicação". Seja comedida em suas ações, já que precisará de energia para se recompor. Há preocupação com a família, e a comunicação entre os irmãos trava. Lembre-se: palavra preciosa é palavra dita na hora certa. Isso ajuda também na vida amorosa, que será testada. Melhor conter as expectativas e ter calma, avaliando as próprias carências de modo

maduro. Sentirá vontade de olhar além das questões materiais — sua confiança virá da intimidade com os assuntos da alma.

Revista Cláudia. Nº 7, ano 48, jul. 2009.

O reconhecimento dos diferentes gêneros textuais, seu contexto de uso, sua função social específica, seu objetivo comunicativo e seu formato mais comum relacionam-se aos conhecimentos construídos socioculturalmente. A análise dos elementos constitutivos desse texto demonstra que sua função é

- A vender um produto anunciado.
- B informar sobre astronomia.
- C ensinar os cuidados com a saúde.
- D expor a opinião de leitores em um jornal.
- E aconselhar sobre amor, família, saúde, trabalho.

Você deve ter percebido de imediato que se trata de um texto de horóscopo, porque reconheceu marcas próprias que o fazem ser diferente, por exemplo, de uma receita, de uma notícia de jornal ou de uma carta de solicitação.

Todo **gênero do discurso** é constituído de estrutura, linguagem e conteúdo específicos. Apresenta uma estrutura que consiste num título, que identifica o signo (às vezes, acompanhado de um símbolo) e num texto curto, de um ou dois parágrafos; sua linguagem é simples e direta, com alguns verbos no imperativo ("seja", "lembre-se") e o conteúdo trata das recentes influências do Zodíaco sobre diversos aspectos da vida humana: amor, relacionamentos, saúde, dinheiro.

Você também deve saber que esse gênero circula em vários meios de comunicação, orais e escritos, como rádio, jornais e revistas. O texto lido foi extraído de uma revista cujo público leitor, predominantemente feminino, parece se interessar por assuntos diversos, como moda, beleza, saúde, culinária e astrologia, entre outros.

Lembre-se: todo texto, oral ou escrito, guarda uma finalidade, uma intencionalidade. A finalidade do gênero em questão não é informar nem convencer as leitoras, expor um conhecimento científico sobre os astros ou contar um fato real ou imaginário. O objetivo do texto é instruir ou aconselhar a leitora da revista sobre como lidar com relacionamentos amorosos e familiares, com a saúde, o trabalho e o dinheiro. Com base nessas informações, você facilmente deduziria que a alternativa "e" é a correta.

Ler bem um texto significa desvendar todos esses aspectos que estão no próprio texto ou em seu contexto de produção.

10

A prova do Enem é diferente das outras

Você já abriu uma prova e leu enunciados como "Identifique no texto uma oração subordinada substantiva objetiva direta reduzida de infinitivo", não leu? E com certeza já ouviu que, para ir bem numa prova de História ou Geografia, o jeito era decorar a matéria.

Essas são concepções antigas de ensino e de avaliação. Nesse tipo de prova, pouco se avalia de conhecimento construído e sedimentado. As questões são elaboradas a partir de operações mais simples, como memorizar, classificar e identificar. É a conhecida prova do tipo "decoreba", que, infelizmente, ainda existe em algumas escolas e exames vestibulares do país.

A prova do Enem é bem diferente desse perfil tradicional de avaliação. Para você ter boa nota no exame do Enem, não precisa decorar nada, porque, desde o primeiro exame, o Enem vem se mantendo firme no propósito de avaliar se o aluno é capaz de ler com profundidade um texto, de extrair dele as informações essenciais; se é capaz de raciocinar, de resolver situações-problema, de transferir conhecimentos de uma área para outra e de fazer propostas condizentes com o espírito de cidadania (veja a dica 4).

Nas provas do Enem, as informações indispensáveis geralmente são oferecidas ao estudante para que, a partir delas, ele execute as operações necessárias e chegue à resposta correta. Essas operações, sim, são a chave da questão. Elas é que estão sendo avaliadas, e não as informações que supostamente foram memorizadas pelo aluno.

Aliás, num mundo como o nosso, em que o acesso à informação se resolve com uma simples consulta à internet, que sentido tem uma pessoa com um cérebro gigante, semelhante a um super HD?

O que o Enem quer avaliar é se o estudante tem competência(s) para usar o conhecimento disponível hoje em dia — nas enciclopédias, nos dicionários, na internet, nos livros —, para realizar as operações que nenhuma máquina é capaz de fazer com a mesma destreza e com o mesmo talento do ser humano: raciocinar, refletir, interpretar, ponderar, criar, inventar.

Então, como se preparar para a prova do Enem? Não há fórmulas milagrosas. Tudo o que você aprendeu em sua vida escolar poderá ser útil. Mas não apenas. Viagens, bons livros, bons filmes, boas músicas, bons papos — tudo isso poderá ajudar você a se dar bem no Enem. Fique antenado!

11

Você é competente?

Você já deve ter ouvido que fulano ou fulana é competente ou incompetente. Mas provavelmente nunca ouviu dizer que um computador, uma bola ou um carro são competentes. Isso porque, sempre que falamos de *competência*, estamos nos referindo a pessoas e não a coisas. Portanto, competentes são as pessoas que utilizam o computador, que jogam bola e que dirigem o carro.

Lino de Macedo, professor da USP e um dos autores da Matriz do Enem, explica o que é competência:

> "Uma das características importantes da noção de competência [...] é desafiar o sujeito a mobilizar os recursos no contexto de situação-problema para tomar decisões favoráveis ao seu objetivo ou metas. Sabemos, e muitas vezes lamentamos, o quanto em uma determinada situação não nos permitimos recorrer a tudo que sabemos em favor de sua solução. Esquecemos, não articulamos uma informação com outra, não consideramos um elemento da situação, que depois julgamos fundamental, etc. É assim que acontece, por exemplo, em uma prova. Na hora de sua realização, "travamos",

esquecemos, damos respostas apressadas, simplificamos, não damos suficiente atenção para uma série de detalhes que, mais tarde, com a "cabeça fresca", lamentamos."

("A situação-problema como avaliação e como aprendizagem". Em: *Textos teóricos metodológicos. Enem 2009*. Brasília: MEC, 2009. p. 17-8.)

Assim, a competência pode ser explicada como um saber que se traduz na tomada de decisões, na capacidade de avaliar e julgar. Ser competente é saber resolver os problemas e os desafios que surgem no cotidiano.

Se pensarmos em termos de vivência escolar, o que se espera de uma pessoa que concluiu ou está concluindo o ensino médio e estudou conteúdos de Português, Matemática, Geografia, Física etc.? Espera-se que o conjunto de vivências e atividades proporcionadas pela escola tenha desenvolvido algumas competências básicas ou gerais, também chamadas pelo Enem de *eixos cognitivos*, como o domínio de linguagens, compreensão de fenômenos, enfrentamento de situações-problema, construção de argumentos e elaboração de propostas. Ou seja, competências essenciais não apenas para que o indivíduo se saia bem em provas, mas se saia bem na vida!

12

Você tem habilidade?

É impossível falar em habilidades sem falar em competência. A competência se traduz na tomada de decisões, na capacidade de avaliar e julgar situações do cotidiano e resolver problemas do dia a dia. Mas para que uma pessoa seja competente, é preciso que ela tenha certas *habilidades* desenvolvidas.

Por exemplo: para um dentista ser considerado competente, que habilidades ele precisa ter? Será que ter um diploma e dominar a teoria odontológica bastam? Certamente não. Quando um profissional se forma, ele normalmente domina a teoria, mas não tem experiência. Essa experiência é que vai desenvolver algumas habilidades necessárias para que ele seja bom naquilo que faz.

Um dentista precisa de muitas habilidades diferentes para se dar bem na profissão: deve ter destreza e precisão ao manusear os instrumentos, caso contrário eles serão uma arma em suas mãos; tem de ser cuidadoso e delicado ao mexer na boca do cliente; tem de ser atencioso e conversar sem que isso atrapalhe o trabalho; tem de ser sensível, para controlar o pânico que algumas pessoas sentem em consultórios odontológicos, e usar de muita psicologia a cada situação difícil, sabendo adequar o seu trabalho ao perfil do cliente: criança, adulto ou idoso.

Além dessas habilidades, deve ser também um bom "marqueteiro" de sua imagem, comentando com os clientes, por exemplo, sobre o sucesso de seus trabalhos, ou sobre suas especializações, mas sem parecer pretensioso ou prepotente; saber negociar preços, considerando o poder aquisitivo da região e a concorrência com outros profissionais.

Quanto à parte administrativa, se ele tem funcionários, é importante ter um bom relacionamento com eles, saber delegar e cobrar funções, fazer e controlar pagamentos, preparar e cumprir sua agenda, ser pontual em seus horários e dar exemplo para seus funcionários, fazer reuniões discutindo problemas, estabelecendo metas etc.

E, paralelamente, se pretende continuar sendo um bom profissional por longo tempo, deve estar "antenado" com todas as novidades que envolvem sua área, atualizando-se e reciclando-se.

Assim, ser competente equivale a *saber* fazer, mas, para fazer benfeito, é preciso ter *habilidades* desenvolvidas, pois elas equivalem ao *como* fazer.

Da mesma forma, nas provas do Enem não basta conhecer o conteúdo das disciplinas. Para resolver as questões, você precisa ter várias habilidades desenvolvidas e, entre elas, saber ler muito bem! Precisa construir sua competência leitora desenvolvendo *habilidades de leitura*, ou seja, precisa saber que operações mentais deve fazer, quais etapas de leitura precisa dominar para "desconstruir" o texto e assinalar o item correto, independentemente do conteúdo avaliado.

13

Da leitura da palavra à leitura de mundo

O brasileiro lê mal! De acordo com os resultados da Prova Brasil e do Sistema de Avaliação de Educação Básica (Saeb), que avaliam a **competência leitora** dos estudantes brasileiros do 5º e 9º ano do ensino fundamental e do 3º do ensino médio, menos de um terço dos alunos alcança o nível adequado de leitura.

Desde 1998, quando foram publicados os *Parâmetros Curriculares Nacionais* – Ensino Médio, o ensino médio brasileiro vem passando por uma transformação profunda, à medida que tem procurado pôr em destaque o ensino por competências, em lugar do ensino focado apenas em conteúdos programáticos.

Você já deve ter ouvido que o importante é saber "ler o mundo" ou que você precisa aprender a fazer uma "*leitura* de mundo".

De uma forma simples e clara, Lino de Macedo, professor da USP e um dos criadores do Enem, explica o que é ler o mundo e o que o Enem espera do estudante quanto à habilidade de leitura:

> "Ler o mundo significa mais do que ser capaz de ler um texto. É necessário aprender outras linguagens além da escrita. Gráficos, estatísticas, desenhos geométricos, pinturas, desenhos e outras manifestações artísticas, as ciências, as formas de expressão formais e coloquiais – tudo deve ser lido e tem códigos, símbolos específicos de decifração. Quando um aluno está diante de um problema matemático, precisa ser capaz de interpretar a pergunta para entender que tipo de resposta é esperado. Idem para quem busca extrair conclusões de uma tabela de um censo demográfico. Se o professor pede para escrever cartas a destinatários diferentes, o estudante tem de escolher o estilo e o vocabulário adequados a cada situação".
>
> (*Nova escola*, edição 154.)

Portanto, para ser um leitor competente, é preciso saber ler tudo! Desde gêneros textuais simples, como uma receita, até gêneros mais complexos, como os jornalísticos, textos historiográficos, textos multimodais (com mais de uma linguagem) etc.

As questões do Enem buscam criar situações de leitura muito semelhantes às que você enfrenta no seu cotidiano. Se conseguir resolvê-las, você se mostrará *competente*. Um leitor de mundo!

14

Entre nos eixos

O Enem criou quatro grandes áreas do conhecimento: a Matriz de Referência de Linguagens, Códigos e suas Tecnologias; a Matriz de Referência de Matemática e suas Tecnologias; a Matriz de Referência de Ciências da Natureza e suas Tecnologias; e a Matriz de Ciências Humanas e suas Tecnologias. Você será avaliado em **cinco eixos cognitivos** comuns a todas essas áreas de conhecimento.

Eixos cognitivos são competências básicas e gerais que o Enem espera que você domine no final do ensino médio. São elas: **dominar linguagens**, **compreender fenômenos**, **enfrentar situações-problema**, **construir argumentação e elaborar propostas**. São eixos importantes não somente para o exame do Enem, mas para a vida, para sua formação como cidadão.

Para você exercer sua cidadania, é preciso **dominar sua língua**, adequando a sua linguagem a cada situação, isto é, ter o que falar, mas saber também *como* falar, *para quem* e *com que intenção*. Você também precisa saber lidar com outras **linguagens**, como a da Matemática, da Física, da Geografia, das Artes Plásticas, da Música etc.

Além disso, é importante **compreender os fenômenos** que ocorrem à nossa volta, tanto os naturais, como os *tsunamis*, quanto os sociais e políticos, como uma revolta popular ou uma guerra. Para isso, é essencial ser capaz de selecionar informações, validar pontos de vista diferentes e estabelecer possíveis relações de causa e consequência.

Outra competência fundamental para uma vida cidadã é saber **enfrentar situações-problema**, mobilizar conhecimentos de diversas áreas e diferentes habilidades para chegar à melhor solução possível de um problema, sempre respeitando os direitos do cidadão, o bem comum, o meio ambiente etc.

Por fim, vivendo numa sociedade complexa e contraditória como a nossa, é preciso saber **argumentar**, defender seu ponto de vista de modo claro e eficiente a partir de argumentos ou provas consistentes, lidando com opiniões divergentes da sua sem desrespeitar os interlocutores, negociando, chegando a um acordo, a um consenso. E, além disso, é necessário também **elaborar propostas**, visando sempre ao bem comum e tendo como perspectiva uma sociedade cada vez mais justa e democrática.

15

Domine linguagens

Nas provas do Enem, você será avaliado em cinco eixos cognitivos, também conhecidos como cinco competências básicas. Um deles é:

Dominar linguagens (DL): dominar a norma culta da Língua Portuguesa e fazer uso das linguagens matemática, artística e científica e das línguas espanhola e inglesa.

Nem todo mundo fala a língua portuguesa do mesmo jeito. Dependendo da idade, do grau de escolaridade, do nível socioeconômico, do lugar em que mora ou da cidade onde nasceu, um brasileiro pode falar de um jeito muito diferente de outros brasileiros. Além disso, uma mesma pessoa pode falar ou escrever de modo diferente, dependendo da situação: ao escrever uma carta comercial no trabalho, a linguagem será mais formal e padronizada; numa conversa com os colegas, será mais informal.

Essas variações que toda língua possui são *variedades linguísticas*. Em todas as culturas e línguas existe um conjunto de leis e normas linguísticas que se chama *norma-padrão*. São, por exemplo, as normas reunidas nas gramáticas ou as convenções ortográficas. Assim, ao consultar um dicionário para saber a grafia de uma palavra ou qual é sua forma plural, você nada mais está fazendo do que consultando as regras da norma-padrão.

As variedades linguísticas de maior prestígio na sociedade são as que se aproximam mais da norma-padrão. Geralmente são faladas nos grandes centros urbanos por pessoas com maior grau de escolaridade.

No Enem, dominar a norma-padrão ou norma culta significa, primeiro, ser capaz de reconhecer a existência das variedades linguísticas em nosso país e, sem preconceitos, perceber que todas são importantes, mas que uma variedade pode ser menos ou mais adequada em determinada situação.

Uma questão pode pedir que você analise a adequação de uma fala, o grau de formalidade ou informalidade da linguagem, o valor semântico (significado) de uma palavra, que levante hipóteses sobre a origem de um falante de determinada variedade linguística e por aí vai.

Fazer uso das linguagens significa ser capaz de transitar de uma linguagem para outra, fazendo leituras ou estabelecendo relações entre textos de diferentes gêneros e áreas do conhecimento, como charges, desenhos, pinturas, anúncios publicitários, quadrinhos, textos científicos, gráficos, infográficos, tabelas.

Se você conseguir transitar bem pelas linguagens e estabelecer conexões entre as diferentes áreas do conhecimento, vai ter sucesso. E lembre-se: se o que aproxima essas áreas do conhecimento são as linguagens e os textos, a sua ferramenta principal para lidar com eles é a leitura!

16

Compreenda fenômenos

Um dos cinco eixos cognitivos* que o Enem utiliza para avaliar o estudante é:

> **Compreender fenômenos** (CF): construir e aplicar conceitos das várias áreas do conhecimento para a compreensão de fenômenos naturais, de processos histórico-geográficos, da produção tecnológica e das manifestações artísticas.

Alguma vez você já refletiu sobre o que leva um povo a fazer uma revolução? Pense na Revolução Francesa ou na Revolução Russa, por exemplo. Geralmente, as causas são muitas. Pode haver motivos históricos, ideológicos, filosóficos, políticos, étnicos, sociais, econômicos e até religiosos! É difícil chegar a uma razão precisa, e, às vezes, é necessário utilizar conhecimentos de diferentes áreas — Filosofia,

* Conheça todos os eixos cognitivos na dica 14.

Sociologia, Economia, Antropologia, Religião etc. — para tentar explicar esse fenômeno, que resulta numa mudança profunda da sociedade e de suas forças produtivas.

Essa competência visa avaliar se você consegue construir e aplicar conceitos de diferentes áreas do conhecimento para compreender ou explicar certos fenômenos, que podem ser naturais, sociais, culturais, artísticos e tecnológicos.

Compreender fenômenos significa ser competente para formular hipóteses ou ideias sobre as causas que deram origem a esses fenômenos. Para isso, é necessário mobilizar conceitos, geralmente de mais de uma área.

Muitas das questões do Enem são interdisciplinares, isto é, transitam por várias disciplinas. São o terreno ideal para o exame explorar esse eixo cognitivo. Construir e aplicar conceitos nessas questões significa superar o problema oferecido pela questão a partir de meios e procedimentos adequados. E de que modo se faz isso? Aproveitando as informações disponíveis na questão, levantando hipóteses sobre os caminhos para resolvê-la, usando os conceitos que você detém, empregando fórmulas, inferindo informações e dados implícitos, interpretando dados e, para isso tudo, mobilizando diferentes habilidades: estimar, calcular, relacionar, interpretar, comparar, medir, observar, levantar hipóteses, calcular etc.

17 Enfrente situações-problema

Dos cinco eixos cognitivos* avaliados nas provas do Enem, enfrentar situações-problema pode parecer o mais difícil. Para não brigar com essa dificuldade, entenda o que é essa competência:

> **Enfrentar situações-problema** (SP): selecionar, organizar, relacionar, interpretar dados e informações representados de diferentes formas, para tomar decisões e enfrentar situações-problema.

Em muitos momentos da vida enfrentamos **situações-problema**: no colégio, no trabalho, nas relações sociais e na vida familiar, é normal ter problemas e procurar resolvê-los. Para isso, temos de tomar decisões: algumas fáceis, outras muito difíceis. Enfrentar uma situação-problema nem sempre equi-

* Saiba mais sobre todos os eixos cognitivos lendo a dica 14.

vale a resolvê-la, pois às vezes não conseguimos êxito, mesmo que a nossa intenção seja sempre encontrar uma solução para o problema.

O objetivo dessa competência é avaliar se você sabe selecionar, relacionar e interpretar dados para tomar uma decisão. Para fazer isso, você vai ter de priorizar algumas informações em detrimento de outras e, com base nesses dados, adotar os procedimentos adequados para alcançar o objetivo. Deste modo, vai resolver a situação-problema.

Enfrentar uma situação-problema assemelha-se a um jogo de xadrez: você analisa a situação, mobiliza recursos, seleciona procedimentos e ações e interpreta todos os dados disponíveis para tomar a melhor decisão. E tomar a melhor decisão dentro das regras estabelecidas não é fácil, pois elas podem limitar suas ações e você pode não conseguir colocar em prática as melhores estratégias imaginadas. Jogar conforme as regras não é o suficiente para ter um desempenho melhor do que o do adversário e ganhar a partida.

O mesmo ocorre com a situação-problema. Ter êxito numa situação-problema proposta por uma questão do Enem pressupõe enfrentá-la, aceitar os desafios e superá-los, contando com a mobilização de seus conhecimentos e com suas habilidades em diferentes áreas.

18

Elabore ou avalie argumentos

Você é a favor ou contra a construção de uma nova usina nuclear em Angra? Para responder, você teria de pensar em pelo menos dois aspectos: os benefícios dessa iniciativa para o fornecimento de energia no país e os prejuízos ou riscos ao meio ambiente que ela representaria.

Em várias circunstâncias somos obrigados a nos posicionar diante de um tema polêmico e tomar uma decisão. Precisamos colher informações sobre o assunto, analisar o problema de diferentes ângulos e ponderar sobre as razões ou os argumentos que pesam para uma posição ou para outra.

Um dos cinco eixos cognitivos* avaliados pelo Enem é justamente este:

* A dica 14 aborda todos os eixos cognitivos.

Construir argumentação (CA): relacionar informações, representadas em diferentes formas, e conhecimentos disponíveis em situações concretas, para construir argumentação consistente.

Essa competência avalia se você consegue observar e analisar um fato em diferentes perspectivas e se é capaz de coordenar informações, ideias ou argumentos a fim de avaliar, defender ou criticar um ponto de vista. Exige de você a mobilização de todos os seus conhecimentos diante da vida e do mundo, tanto os extraídos da experiência pessoal quanto os adquiridos na educação formal, isto é, na escola.

Segundo o texto oficial dessa competência, o exame pretende avaliar se o estudante é capaz de "construir argumentação consistente". Efetivamente, a possibilidade de o estudante *construir* argumentação só existe na prova de Redação, na qual se exige a produção de um *texto dissertativo* a partir de um tema geralmente controvertido. O tema normalmente é acompanhado de um painel de textos que reúnem diferentes pontos de vista sobre o assunto.

Nessa situação, você deve ler com atenção os textos do painel, tomar uma posição — por exemplo, se é a favor ou contra algo — e extrair dos textos e de sua visão pessoal os melhores argumentos para fundamentar sua opinião.

Contudo, não é apenas na prova de Redação que você se depara com argumentos. Nela, você tem de *elaborar* argumentação, mas, nas questões de múltipla escolha das outras provas, geralmente precisa *avaliar* a argumentação contida nos textos ou nos enunciados.

Numa questão de interpretação de textos, por exemplo, pode ser necessário reconhecer o argumento básico em torno do qual um texto argumentativo inteiro se estrutura. Ou, numa prova de Ciências da Natureza e suas Tecnologias, avaliar qual das alternativas apresenta o argumento mais consistente para explicar o fenômeno do aquecimento global.

Se parar para pensar, vai chegar à conclusão de que essa competência não é necessária apenas para as provas do Enem, mas para a própria vida. As pessoas são diferentes umas das outras e têm interesses e aspirações muito distintas. Para fazer valer seu desejo e seu parecer sobre um tema, um assunto, uma notícia, é preciso saber argumentar. Por meio de argumentação consistente e respeitosa, podemos garantir nosso espaço nas esferas sociais de que fazemos parte, sem perder o respeito pelo outro.

19

Elabore soluções e propostas solidárias

Ser crítico é fácil, o difícil é propor soluções. Mais difícil ainda, na nossa sociedade, é ser solidário, saber agir em prol de outras pessoas. É disso que trata outro dos cinco eixos cognitivos* utilizados pelo Enem para avaliar os alunos:

> **Elaborar propostas** (EP): recorrer aos conhecimentos desenvolvidos na escola para elaboração de propostas de intervenção solidária na realidade, respeitando os valores humanos e considerando a diversidade sociocultural.

Essa competência avalia se você sabe elaborar uma solução para uma situação-problema, se sabe tomar posição diante de um fato, se sabe traduzir uma crítica em uma sugestão, ou seja, se você tem um papel ativo na sociedade em que vive.

* Leia mais sobre os eixos cognitivos na dica 14.

É um exercício de cidadania, que implica aprender a respeitar, considerar o outro, pensar e colaborar para uma sociedade mais justa.

Vivemos num mundo que se transforma rapidamente. São mudanças sociais, econômicas, políticas, tecnológicas e científicas que exigem de nós uma postura de constante estudo e atualização. Cada situação é única e requer respostas igualmente únicas. Às vezes, em meio ao avanço científico e tecnológico, os valores essenciais do ser humano ficam em segundo plano. Assim, numa sociedade competitiva e plural como a nossa, não é raro notar a supremacia do individualismo, a falta de solidariedade e respeito para com o outro ou a intolerância em relação à diversidade sociocultural.

Esse eixo cognitivo pretende avaliar se, ao longo de seus estudos, você desenvolveu noções de ética e de cidadania, por meio de leituras, debates e reflexões realizados na escola ou fora dela.

Nas questões de múltipla escolha que envolvem essa competência, você deve optar pela alternativa que explicite, em grau menor ou maior, essas propostas de intervenção solidária, que respeitem valores humanos e não apresentem preconceitos de ordem social, cultural, étnica etc. A alternativa mais adequada é a que demonstra a capacidade de o indivíduo exercer plenamente sua cidadania, envolvendo-se, interferindo, propondo soluções, agindo de forma crítica e consciente, em busca do bem comum.

Essa competência quer avaliar se você é "do bem"!

20

Saiba ler para fazer

A competência está para o *saber fazer* assim como as habilidades estão para o *como fazer*. Então, quando falamos de *competência leitora*, especificamente, ela se expressa por meio das *habilidades de leitura*, que, por sua vez, se concretizam por meio de operações mentais ou esquemas de ação. Essas operações são as ações ou os passos que você deve dar para conseguir resolver uma questão ou um problema. Em algumas questões, por exemplo, você precisará comparar, inferir e concluir; em outras, analisar, comparar e interpretar, e assim por diante.

As operações ou esquemas de ação mais valorizados nas provas segundo o Enem são:

a) Identificar, caracterizar, reconhecer, selecionar, destacar, situar, descrever, manifestar, explorar.

b) Analisar, confrontar, comparar, relacionar.

c) Ordenar, organizar, reorganizar, contextualizar, compreender.

d) Traduzir, interpretar, ler, calcular, inferir, valorizar.

e) Utilizar, agir, fazer uso, aplicar, elaborar, realizar, ilustrar, objetivar.

f) Prever, propor, variar, modificar, respeitar, considerar.

Além dessas, ainda há outras que não foram citadas, mas que também são explicitamente cobradas nas provas do Enem, como: levantar hipóteses, explicar, justificar, concluir, demonstrar, entre outras.

Muitas dessas operações mentais são ativadas no momento em que você se propõe a resolver alguma questão de leitura. A utilização de duas, três ou mais operações dependerá do grau de dificuldade oferecido.

Nas provas do Enem há questões menos complexas, médias e muito complexas. A mais complexa exigirá de você muitas operações para chegar à resposta certa. Veja como isso ocorre na seguinte questão (adaptada):

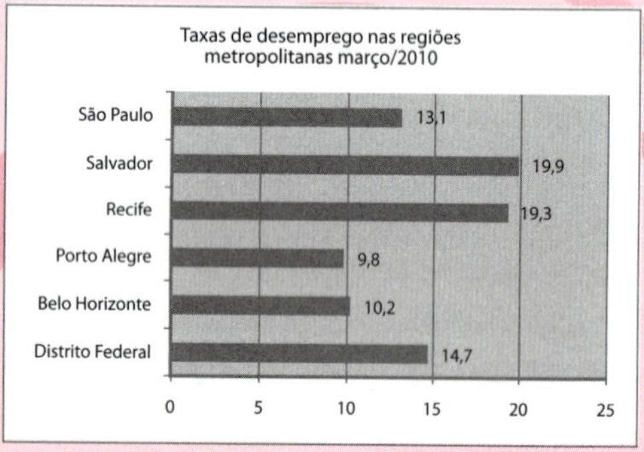

Disponível em: http://g1.globo.com. Acesso em: 28 abr. 2010 (adaptado).

Os dados do gráfico foram gerados a partir de dados colhidos no conjunto de seis regiões metropolitanas pelo Departamento Intersindical de Estatística e Estudos Socioeconômicos (Dieese).

Supondo que o total de pessoas pesquisadas na região metropolitana de Porto Alegre equivale a 250 000, o número de desempregados em março de 2010, nessa região, foi de

Ⓐ 24 500.

Ⓑ 25 000.

Ⓒ 220 500.

Ⓓ 223 000.

Ⓔ 227 500.

Essa questão pode ser considerada fácil, pois é necessário fazer operações simples: identificar o percentual de desempregados em Porto Alegre (**9,8%**) e calcular quanto esse percentual representa das 250.000 pessoas pesquisadas em Porto Alegre (250.000 × 9,8 – – 100 = 24.500). Ou seja: alternativa "a".

Questões fáceis exigem habilidades simples e operações mentais menos complexas.

21

Observe e analise

Imagine que você esteja caminhando na praia e, de repente, passa a observar uma criança muito bonita brincando na areia. Para achá-la bonita, você certamente se deteve em muitos detalhes da criança, tanto físicos quanto psicológicos. Entre os físicos, talvez a cor dos cabelos ou dos olhos, o formato do nariz ou da boca, as feições do rosto, a estatura, o corpo, a voz, a harmonia dos gestos etc. Entre os psicológicos, talvez a simpatia, a serenidade e a meiguice. Enfim, você observou e notou vários aspectos que compõem a criança em seu todo e que lhe permitem concluir que ela é uma criança bonita. Isso que acabou de fazer é um processo de **observação** e **análise**.

Segundo o dicionário, *observar* é perceber, notar, considerar, verificar algo ou alguma coisa. E *analisar* significa decompor um todo em partes, investigar as partes para se chegar ao todo. Portanto, observar e analisar são duas operações que atuam ao mesmo tempo e se complementam mutuamente.

Nas provas do Enem a observação e a análise são as primeiras operações mentais que você faz para resolver uma questão, seja ela qual for. Mesmo que elas não sejam solicitadas explicitamente, você com certeza vai utilizá-las para lidar com textos verbais, pinturas, mapas, gráficos, tabelas etc.

Se, por exemplo, tiver de lidar com uma tabela que apresenta dados sobre evasão escolar no ensino brasileiro, terá de *analisá-la*, *observando* as variações percentuais de acordo com os critérios reunidos na tabela. Por exemplo, poderá observar se os índices de evasão escolar aumentam ou diminuem dependendo do grau de escolaridade dos pais, do poder aquisitivo deles, da região do país etc.

Lembre-se: observar e analisar são operações complementares e indispensáveis para tudo que se pretende fazer. Mas quase sempre elas não se esgotam em si mesmas; elas são meios para se chegar a outras operações mais complexas, como inferir, interpretar, concluir e justificar.

22

Observação e análise na prática

Observar e analisar são as primeiras operações mentais que você faz para resolver uma questão. Veja como elas são exploradas nesta questão do Simulado do Enem:

> Concordo plenamente com o artigo "Revolucione a sala de aula". É preciso que valorizemos o ser humano, seja ele estudante, seja professor. Acredito na importância de aprender a respeitar nossos limites e superá-los, quando possível, o que será mais fácil se pudermos desenvolver a capacidade de relacionamento em sala de aula. Como arquiteta, concordo com a postura de valorização do indivíduo, em qualquer situação: se procurarmos uma relação de respeito e colaboração, seguramente estaremos criando a base sólida de uma vida melhor.
>
> Tania Bertoluci de Souza
> Porto Alegre, RS
>
> Disponível em: <http://www.kanitz.com.br/veja/cartas.htm>. Acesso em: 2 maio 2009 (com adaptações).

Em uma sociedade letrada como a nossa, são construídos textos diversos para dar conta das necessidades cotidianas de comunicação. Assim, para utilizar-se de algum gênero textual, é preciso que conheçamos os seus elementos. A carta de leitor é um gênero textual que

A apresenta sua estrutura por parágrafos, organizado pela tipologia da ordem da injunção (comando) e estilo de linguagem com alto grau de formalidade.

B se inscreve em uma categoria cujo objetivo é o de descrever os assuntos e temas que circularam nos jornais e revistas do país semanalmente.

C se organiza por uma estrutura de elementos bastante flexível em que o locutor encaminha a ampliação dos temas tratados para o veículo de comunicação.

D se constitui por um estilo caracterizado pelo uso da variedade não padrão da língua e tema construído por fatos políticos.

E se organiza em torno de um tema, de um estilo e em forma de paragrafação, representando, em conjunto, as ideias e opiniões de locutores que interagem diretamente com o veículo de comunicação.

A questão envolve um conceito dos recentes estudos de linguagem, o de *gênero do discurso* ou *gênero textual**. Saber previamente o que é gênero do discurso e quais os elementos que constituem o gênero *carta de leitor* — quem

---

* Para conhecer melhor os gêneros textuais, leia a dica 8.

são os interlocutores (quem escreve e para quem), a estrutura do texto, o tipo de linguagem, a intencionalidade do texto, o momento histórico etc. — poderia facilitar a vida do estudante, mas não é algo indispensável, pois o próprio enunciado da questão apresenta o conceito de forma simples, e as alternativas apresentam assertivas sobre as características da carta de leitor. Além disso, a carta de leitor é um gênero relativamente conhecido pelos leitores de jornal e revista.

Para resolver a questão, ao *observar* e *analisar* a alternativa "a", você constataria que é incorreta, porque o texto não faz parte da tipologia injuntiva, e a linguagem não tem um alto padrão de formalidade; a "b" também não estaria correta, pois o objetivo principal da carta de leitor não é somente circular em jornais e revistas; a "c" também não seria correta porque o locutor envia sua carta para ser publicada e não apenas encaminha a ampliação dos temas tratados; a "d" também não, porque a carta de leitor utiliza a linguagem padrão e não discute apenas temas políticos; por fim, você chegaria à resposta certa "e", que condiz com todas as características do gênero carta de leitor, segundo sua observação e análise.

Notou quantas *análises* e *observações* você teve de fazer para chegar à alternativa correta? As duas operações complementam-se, já que analisar significa examinar minuciosamente a função de cada parte dentro de um todo.

23

Identificar não é difícil

Identificar é uma operação mental interessante porque nem sempre as pessoas têm a mesma compreensão ou a mesma visão da realidade.

Já deve ter lhe acontecido de um amigo lhe dizer que conhece uma pessoa *idêntica* a você. No mínimo, vai imaginar que ela tem o rosto parecido e, provavelmente, altura, cabelo, jeito de falar ou andar semelhantes. Mas, quando você conhece a tal pessoa, fica espantado! Cadê a semelhança? Você é alto, a pessoa, mais baixa; você é encorpado, a pessoa é magra; você tem cabelos castanhos e enrolados, a pessoa, cabelos loiros e lisos!

O que muita gente não sabe é que a identificação, às vezes, não é total, ela pode ser parcial, relativa. O que o seu amigo identificou de comum entre vocês talvez tenha sido apenas o modo de olhar, ou de sorrir, ou de fazer tudo apressadinho!

Isso quer dizer que identificar é tomar algo como referência (absoluta ou relativa) e buscar uma correspondência, total ou parcial, com essa referência.

Em avaliações formais, a operação de identificar é um pouco diferente. Quando lhe pedem que identifique algo num texto verbal, num gráfico, numa tabela ou numa pintura, você deve procurar informações explícitas nesses textos. É claro que, para localizá-las, tem de acionar seus conhecimentos prévios. Em seguida, essas informações têm de corresponder, parcial ou totalmente, ao que você tem em mente. Lembre-se: identificamos porque sempre temos algum referencial em mente.

E a primeira informação, aparentemente simples mas importantíssima, a identificar é: o que a questão está pedindo? Mesmo nervoso e querendo ler e entender tudo rapidamente, detenha-se no enunciado lendo e relendo, para entender o que você tem de fazer. A primeira tarefa é *identificar* o comando.

Às vezes a identificação é uma operação que precede outras. Por exemplo, se for uma questão com tabelas, *identifique* com calma os dados horizontais e verticais, releia o enunciado, vá para as alternativas e *identifique* as afirmações verdadeiras sobre a tabela.

Não tenha pressa. Identificar é uma operação básica que prepara o terreno para todas as outras. E, às vezes, a resposta de uma questão está na própria identificação.

24

Treine a ação de identificar

Ao fazer a prova do Enem, você vai utilizar bastante o recurso de identificar. Quer ver?

A primeira tarefa de identificação é entender o que a questão pede. Mas, para resolver uma questão do Enem, como esta, por exemplo, a tarefa de identificar será utilizada outras vezes também.

Sobre a exposição de Anita Malfatti, em 1917, que muito influenciaria a Semana de Arte Moderna, Monteiro Lobato escreveu, em artigo intitulado **Paranoia ou Mistificação**:

> Há duas espécies de artistas. Uma composta dos que veem as coisas e em consequência fazem arte pura, guardados os eternos ritmos da vida, e adotados, para a concretização das emoções estéticas, os processos clássicos dos grandes mestres. (...) A outra espécie é formada dos que veem anormalmente a natureza e a interpretam à luz das teorias efêmeras, sob a sugestão estrábica das escolas rebeldes, surgidas cá e lá como furúnculos da cultura excessiva. (...). Estas

considerações são provocadas pela exposição da sra. Malfatti, onde se notam acentuadíssimas tendências para uma atitude estética forçada no sentido das extravagâncias de Picasso & cia.

O Diário de São Paulo, dez./1917.

Em qual das obras abaixo identifica-se o estilo de Anita Malfatti criticado por Monteiro Lobato no artigo?

Ⓐ 

Acesso a Monte Serrat – Santos

Ⓑ 

Vaso de Flores

Ⓒ 

A Santa Ceia

Ⓓ 

Nossa Senhora Auxiliadora e Dom Bosco

Ⓔ 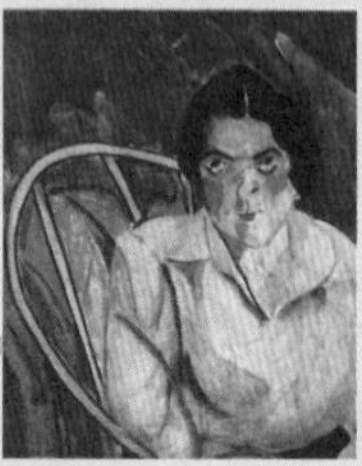

A Boba

O segundo passo para resolver a questão é identificar a posição adotada por Monteiro Lobato em relação à arte.

Defendendo o ideal de "arte pura" ou "arte clássica", Lobato ataca as novas estéticas artísticas, particularmente o Cubismo de Picasso, porque entende que elas "veem anormalmente as coisas", de forma "estrábica". Lobato defende, portanto, a concepção clássica da arte como representação da realidade e critica a arte como expressão subjetiva (e, na visão dele, "deformada") da realidade.

Identificado o ponto de vista de Lobato, não fica difícil chegar à resposta. Para isso, você deveria identificar qual das pinturas apresentadas foge aos padrões clássicos e apresenta uma visão subjetiva da realidade. Fácil: alternativa "e", a tela *A boba* da pintora modernista Anita Malfatti, uma das fundadoras da arte moderna no Brasil.

Viu como a identificação foi essencial para solucionar esta questão? Então, treine esse recurso!

25

Levante hipóteses

Hipótese é uma proposição, uma conjectura ou suposição feita a partir dos implícitos de um texto ou de uma situação. Essa conjectura poderá ser ou não comprovada posteriormente, diante das evidências.

Por exemplo: um paciente vai ao médico porque tem muita dor de cabeça. Num procedimento normal, primeiro o médico faz algumas perguntas gerais e, depois, outras específicas — qual a profissão do paciente, quantos anos tem, quais doenças já teve, se passou por alguma cirurgia, se fuma, se bebe, se faz algum exercício físico etc. Depois, detendo-se mais na queixa, pergunta onde dói, há quanto tempo sente aquelas dores, a frequência delas, quando dói mais etc. O paciente responde que é bancário, 32 anos, não fuma, não bebe, não pratica esportes, nunca fez cirurgia, que a dor é mais intensa perto dos olhos, é constante, começa fraca pela manhã, mas piora com o passar do dia.

A partir das respostas, o médico **levanta** algumas **hipóteses**. Pode ser uma sinusite, um problema visual ou uma enxaqueca decorrente de estresse. Para comprovar qualquer uma delas e dar um diagnóstico correto, ele pede exames: uma radiografia facial, para comprovar a hipótese da sinusite; um exame de vista, para a hipótese de o paciente precisar usar óculos; e um exame de urina e de sangue, para a hipótese de o paciente estar com alguma infecção. O médico prefere deixar por último a hipótese do estresse, caso as outras não se confirmem. Ele pode até levantar uma hipótese de que seja uma doença mais grave; porém, sempre eliminará primeiro as mais simples e mais fáceis de constatar.

Nas questões do Enem ocorre o mesmo: ao levantar hipóteses, você vai eliminar primeiro as mais simples e as mais fáceis de constatar, para então se ater nas mais complexas. Entre outras possibilidades, nas questões de múltipla escolha de interpretação de texto, por exemplo, cada alternativa pode ser uma hipótese interpretativa do texto. Como o médico que se vale de exames, cabe a você avaliar qual delas pode ser comprovada pelo próprio texto.

26

Aplique o levantamento de hipóteses

Esta é uma questão de um simulado proposto pelo Enem que explora a operação de levantar hipóteses, vista na dica anterior. Ótima oportunidade, portanto, para você aplicar esse recurso.

> A sociedade atual testemunha a influência determinante das tecnologias digitais na vida do homem moderno, sobretudo daquelas relacionadas com o computador e a internet. Entretanto, parcelas significativas da população não têm acesso a tais tecnologias. Essa limitação tem pelo menos dois motivos: a impossibilidade financeira de custear os aparelhos e os provedores de acesso, e a impossibilidade de saber utilizar o equipamento e usufruir das novas tecnologias. A essa problemática, dá-se o nome de exclusão digital.
>
> No contexto das políticas de inclusão digital, as escolas, nos usos pedagógicos das tecnologias de informação, devem estar voltadas principalmente para

A proporcionar aulas que capacitem os estudantes a montar e desmontar computadores, para garantir a compreensão sobre o que são as tecnologias digitais.

B explorar a facilidade de ler e escrever textos e receber comentários na internet para desenvolver a interatividade e a análise crítica, promovendo a construção do conhecimento.

C estudar o uso de programas de processamento para imagens e vídeos de alta complexidade para capacitar profissionais em tecnologia digital.

D exercitar a navegação pela rede em busca de jogos que possam ser "baixados" gratuitamente para serem utilizados como entretenimento.

E estimular as habilidades psicomotoras relacionadas ao uso físico do computador, como *mouse*, teclado, monitor etc.

Para resolver a questão, é necessário primeiro identificar o que ela pede*. Para isso, é preciso identificar o tema central do texto — no caso, a inclusão e a exclusão digital; e, em segundo lugar, observar o ponto de vista sob o qual ele está sendo abordado.

Neste trecho do enunciado — "no contexto das políticas de inclusão digital, as escolas, nos usos pedagógicos das tecnologias de informação" (grifo nosso)

* Para entender o recurso da identificação, veja a dica 23.

— fica claro que o texto discute basicamente a importância da tecnologia no processo de educação escolar. E a alternativa correta será aquela que estabelecer a **hipótese** mais coerente sobre o uso dessa tecnologia no contexto escolar.

Para fazer a melhor escolha, você deverá levantar suas próprias hipóteses e confrontá-las com as hipóteses propostas pela questão. Evidentemente, a hipótese coincidente, por ser mais lógica ou coerente com o texto e o enunciado, será a correta.

No caso da questão em análise, não seria difícil chegar à resposta correta, pois a alternativa "b" é a única que aponta formas de uso da tecnologia compatíveis com os objetivos da escola e com suas práticas: "ler e escrever textos", "receber comentários pela internet", "interatividade", "análise crítica" e "construção do conhecimento".

E aí? Levantou muitas hipóteses? É simples, não é? Aplicar esse recurso é uma mão na roda na hora de resolver questões desse tipo.

27

O cruzamento é a base da comparação

Já reparou como em seu dia a dia você precisa tomar decisões o tempo todo? E, para tomar decisões acertadas, para fazer boas escolhas, você *compara.*

Quer ver um exemplo disso? Se você quer comprar uma bicicleta e tem pouco dinheiro, pode optar por uma bicicleta nova simples (sem marchas ou com número de marchas bem reduzido, com *design* menos transado e com quadro de aço em vez de quadro de alumínio) ou comprar uma bicicleta usada, porém mais sofisticada, com todas essas características. Para tomar essa decisão, você vai *comparar* os modelos de bicicleta, adotando critérios: o ano de fabricação, o estado de conservação, a cor, o *design*, o material da estrutura, o aro, os acessórios, o grau de conforto, o custo da manutenção, entre outras coisas. Sua escolha recairá sobre a bicicleta que oferecer mais vantagens de acordo com o conjunto de suas necessidades e com o seu perfil: quantas pessoas na família usarão a bicicleta, se será utilizada para ir ao colégio ou para passeio, a renda familiar etc.

Portanto, comparar, em termos gerais, é estabelecer semelhanças e diferenças entre dois ou mais objetos, cruzando-os sob critérios comuns.

Nas provas do Enem, você vai utilizar a comparação para confrontar textos verbais, pinturas, países, épocas, seres vivos, conjuntos matemáticos etc. Se tiver de comparar duas pinturas, por exemplo, poderá tomar como critério o tema, as cores, a forma ou o estilo de representação. Se comparar dois poemas, poderá levar em conta a época, o tema, a visão de mundo, a linguagem, o tipo de composição, a métrica, o ritmo, as imagens etc.

Mas tome cuidado! No universo escolar, nem sempre há clareza ou rigor conceitual no modo como as diferentes disciplinas fazem uso dessa habilidade, seja por parte dos professores, seja por parte dos alunos.

Se uma questão lhe pede que compare dois textos literários, por exemplo, não se limite a resumir ou a comentar cada um dos textos separadamente, sem fazer cruzamentos. O cruzamento é a base da comparação.

28

Vamos comparar?

Veja como a comparação é solicitada e avaliada no Enem e aprenda, passo a passo, como desenvolver bem essa operação:

O canto do guerreiro

Aqui na floresta
Dos ventos batida,
Façanhas de bravos
Não geram escravos,
Que estimem a vida
Sem guerra e lidar.
— Ouvi-me, Guerreiros,
— Ouvi meu cantar.

Valente na guerra,
Quem há, como eu sou?
Quem vibra o tacape
Com mais valentia?
Quem golpes daria
Fatais, como eu dou?
— Guerreiros, ouvi-me;
— Quem há, como eu sou?

Gonçalves Dias.

Macunaíma

(Epílogo)

Acabou-se a história e morreu a vitória.
Não havia mais ninguém lá. Dera tangolomângolo

na tribo Tapanhumas e os filhos dela se acabaram de um em um. Não havia mais ninguém lá. Aqueles lugares, aqueles campos, furos puxadouros arrastadouros meios-barrancos, aqueles matos misteriosos, tudo era solidão do deserto... Um silêncio imenso dormia à beira do rio Uraricoera. Nenhum conhecido sobre a terra não sabia nem falar da tribo nem contar aqueles casos tão pançudos. Quem podia saber do Herói?

Mário de Andrade.

A leitura comparativa dos dois textos indica que

A ambos têm como tema a figura do indígena brasileiro apresentada de forma realista e heroica, como símbolo máximo do nacionalismo romântico.

B a abordagem da temática adotada no texto escrito em versos é discriminatória em relação aos povos indígenas do Brasil.

C as perguntas "— Quem há, como eu sou?" (1º texto) e "Quem podia saber do Herói?" (2º texto) expressam diferentes visões da realidade indígena brasileira.

D o texto romântico, assim como o modernista, aborda o extermínio dos povos indígenas como resultado do processo de colonização no Brasil.

E os versos em primeira pessoa revelam que os indígenas podiam expressar-se poeticamente, mas foram silenciados pela colonização, como demonstra a presença do narrador, no segundo texto.

A expressão "leitura comparativa" do enunciado dá pistas sobre qual operação você deve ter como centro; ou seja, indica que você deve confrontar os dois textos e estabelecer entre eles semelhanças e diferenças, tomando como critérios os apontados pelas alternativas.

O item "a", por exemplo, compara os textos do ponto de vista temático, mas é falso porque o índio, no fragmento de *Macunaíma*, não é visto como herói. O item "b" não estabelece propriamente uma comparação entre os textos e é falso porque o poema de Gonçalves Dias não adota uma posição discriminatória em relação ao índio. O item "d" envolve aspectos de memorização — por exemplo, saber que Gonçalves Dias é um escritor do Romantismo e Mário de Andrade, da 1ª fase do Modernismo — e compara os dois textos do ponto de vista interpretativo, mas é falso porque, no texto de Gonçalves Dias, não há menção de "extermínio dos povos indígenas". O item "e" compara os textos quanto à voz dos próprios indígenas nos textos e é falso porque o poema não é a expressão direta dos sentimentos dos indígenas; além disso, o foco principal de *Macunaíma* não é o silenciamento dos indígenas como resultado da colonização.

Por fim, a alternativa "c" é a correta, porque a comparação estabelecida entre as falas revela diferentes visões do índio: a confirmação da figura do herói no primeiro caso e a negação dessa figura no segundo caso.

E então, viu como é fácil comparar?

29

Aprenda a relacionar

Cabelo, preto, noite, Lua, praia, sarau, música, alegria, brincadeira, pega-pega, mãe, bolo, irmão, escola, professora, lição, férias...

Você conhece essa brincadeira? Uma pessoa diz uma palavra qualquer e outro participante, rapidamente e sem pensar muito, diz outra que tenha *relação* com a primeira. Se as palavras não tiverem relação entre si, quem pronunciou a última está fora do jogo.

Assim, alguém disse "cabelo", o que levou outra pessoa a pensar numa cor de cabelo, "preto"; ora, o preto é escuro como a noite, quando aparece a "Lua"; noite de luar lembra "praia", que lembra "sarau", "música", "alegria". Sucessivamente, as palavras vão se associando pelo sentido.

Nesse jogo, seria estranho alguém dizer "férias" e outra dizer "documentos". A sensação de estranhamento decorreria do fato de as duas palavras não pertencerem ao mesmo campo semântico, isto é, não apresentarem normalmente sentidos afins. Mesmo que o participante alegasse que nas férias passadas perdeu os documentos e, por isso, fez a associação, esse argumento não teria força. Seria uma associação puramente subjetiva, pessoal, sem a compreensão ou a conivência de outras pessoas. Isso mostra que a relação só é possível quando os elementos associados fazem parte de um mesmo universo.

Se você consultar o dicionário, verá que alguns dos sentidos de *relacionar* são: "fazer ou fornecer a relação de"; "arrolar", "pôr em lista"; "narrar", "expor", "descrever", "referir"; "comparar (coisas diferentes) para deduzir leis ou analogias"; "fazer relações", "conseguir amizades", "travar conhecimento".

Nos exames atuais, como os do Enem e de alguns bons vestibulares, em que se privilegia o intercâmbio entre os conhecimentos de diferentes áreas, *relacionar* é uma das operações ou habilidades mais exploradas. É comum pedir ao aluno que relacione um texto verbal com um não verbal (uma pintura ou uma fotografia), ou a linguagem verbal com uma das linguagens da matemática (um gráfico), ou mesmo duas partes de um único texto, verbal ou não verbal.

Assim, sempre que você tiver de aproximar ou contrastar dois ou mais textos, estará utilizando a operação mental de *relacionar*.

30

Resolva relacionando

Veja como esta questão do Enem explora a habilidade de relacionar:

A pele humana é sensível à radiação solar, e essa sensibilidade depende das características da pele. Os filtros solares são produtos que podem ser aplicados sobre a pele para protegê-la da radiação solar. A eficácia dos filtros solares é definida pelo fator de proteção solar (FPS), que indica quantas vezes o tempo de exposição ao sol, sem o risco de vermelhidão, pode ser aumentado com o uso do protetor solar. A tabela seguinte reúne informações encontradas em rótulos de filtros solares.

sensibilidade	tipo de pele e outras características	proteção recomendada	FPS recomendado	proteção a queimaduras
extremamente sensível	branca, olhos e cabelos claros	muito alta	$FPS \geq 20$	muito alta
muito sensível	branca, olhos e cabelos próximos do claro	alta	$12 \leq FPS < 20$	alta

sensível	morena ou amarela	moderada	$6 \leq FPS < 12$	moderada
pouco sensível	negra	baixa	$2 \leq FPS < 6$	baixa

ProTeste, ano V, nº 55, fev./2007 (com adaptações).

Uma família de europeus escolheu as praias do Nordeste para uma temporada de férias. Fazem parte da família um garoto de 4 anos de idade, que se recupera de icterícia, e um bebê de 1 ano de idade, ambos loiros de olhos azuis. Os pais concordam que os meninos devem usar chapéu durante os passeios na praia. Entretanto, divergem quanto ao uso do filtro solar. Na opinião do pai, o bebê deve usar filtro solar com FPS ≥ 20 e o seu irmão não deve usar filtro algum porque precisa tomar sol para se fortalecer. A mãe opina que os dois meninos devem usar filtro solar com FPS ≥ 20.

Na situação apresentada, comparada à opinião da mãe, a opinião do pai é

A correta, porque ele sugere que a família use chapéu durante todo o passeio na praia.

B correta, porque o bebê loiro de olhos azuis tem a pele mais sensível que a de seu irmão.

C correta, porque o filtro solar com FPS ≥ 20 bloqueia o efeito benéfico do sol na recuperação da icterícia.

D incorreta, porque o uso do filtro solar com FPS ≥ 20, com eficiência moderada, evita queimaduras na pele.

E incorreta, porque é recomendado que pessoas com olhos e cabelos claros usem filtro solar com FPS ≥ 20.

Você deve notar que uma operação mental nunca aparece isolada. Para resolver essa questão, por exemplo, é preciso primeiro compreender, analisar e identificar os dados explícitos no próprio enunciado, como os problemas de pele decorrentes da radiação solar e os cuidados necessários para evitá-los, por meio do uso adequado de filtro solar. A tabela fornece dados científicos que orientam sobre o tipo mais adequado de filtro solar de acordo com o tipo de pele.

Depois de compreender todos esses dados, você deve *relacioná-los* com a situação concreta vivida pela família de turistas, considerando sua origem, suas características físicas (cor dos olhos e da pele) e comparar* a opinião do pai à opinião da mãe das crianças. Por fim, deve *julgar* cada item da questão, relacionando todas as informações obtidas com o que se afirma em cada um dos cinco itens e escolher a afirmação verdadeira, ou seja, a apresentada pelo item "e", que, aliás, apresenta a mesma informação explícita da tabela: a de que as pessoas de pele, olhos e cabelos claros devem usar FPS $\geq$ 20.

Nessa questão, você teve de fazer várias relações, entre elas, relacionou linguagem verbal com linguagem gráfica.

Fique atento! Seja um bom leitor e perceba as relações que precisa saber fazer!

* Entenda como comparar lendo as dicas 27 e 28.

31

Faça inferências

A inferência é uma operação frequentemente utilizada em nosso cotidiano e uma operação indispensável e fundamental no processo de leitura, já que é por meio dela que chegamos a outras operações mais complexas, como a interpretação. Quer ver por quê? Leia esta anedota:

> De manhã, o pai bate na porta do quarto do filho:
>
> — Acorda, filho! Está na hora de você ir para o colégio.
>
> E o filho, de mau humor, responde:
>
> — Hoje eu não vou ao colégio! E não vou por três motivos: estou morto de sono, detesto aquele colégio e não aguento mais os meninos.
>
> E o pai responde do corredor:
>
> — Você tem que ir! E tem que ir exatamente por três motivos: você tem um dever a cumprir, você já tem 45 anos e você é o diretor do colégio.
>
> (Ziraldo. *As anedotinhas do Bichinho da Maçã*. São Paulo: Melhoramentos, 1988. p. 12.)

Por que essa anedota causa o riso? Porque, enquanto lê o texto, você está fazendo **inferências**.

Do modo como a anedota é introduzida — um pai chama o filho para ir ao colégio, mas ele não quer ir — inferimos que o filho é uma criança, já que é comum as crianças não quererem se levantar cedo para ir à escola. Além disso, a palavra "meninos", empregada pelo filho, confirma essa hipótese, pois parece que o filho está se referindo a outros meninos como ele.

Perceba que um cenário completo e coerente foi montado em sua mente a partir de inferências e de seu conhecimento de mundo. Inferir, portanto, é um processo pelo qual, com base em determinados dados, se chega a uma conclusão.

No último parágrafo, entretanto, todo o discurso construído se esvazia. Nele, há uma quebra proposital de expectativa, gerando o humor. E isso ocorre porque só nesse momento uma informação indispensável sobre o contexto é revelada: o filho é adulto, tem 45 anos e é o diretor da escola, isto é, um adulto dependente, que age de maneira totalmente inadequada para sua idade e em desacordo com sua vida profissional.

Como é próprio do gênero *anedota*, o riso acontece porque descobrimos a duplicidade do jogo discursivo. Percebemos que fomos enganados desde o início, porque o texto nos deu pistas falsas para fazermos falsas inferências.

Nas questões do Enem, a inferência aparece geralmente de forma contextual e não explícita no texto. Por meio de marcas e pistas do próprio texto, você fará inferências que lhe possibilitarão interpretar o texto ou a situação.

32

Pratique inferências

Para fazer inferências, você precisa observar as pistas que o texto traz e analisar seus elementos implícitos e explícitos, pois inferir é chegar a uma conclusão a partir de determinados dados; é explicitar os implícitos ou as entrelinhas de um texto. Essa leitura é feita sempre a partir do contexto e de sua própria leitura de mundo, ou seja, do conjunto de suas vivências pessoais e sociais.

Esta questão do Enem demonstra como essa operação de inferir é explorada:

Gerente — Boa tarde. Em que eu posso ajudá-lo?

Cliente — Estou interessado em financiamento para compra de veículo.

Gerente — Nós dispomos de várias modalidades de crédito. O senhor é nosso cliente?

Cliente — Sou Júlio César Fontoura, também sou funcionário do banco.

Gerente — Julinho, é você, cara? Aqui é a Helena! Cê tá em Brasília? Pensei que você inda tivesse na agência de Uberlândia! Passa aqui pra gente conversar com calma.

BORTONI-RICARDO, S. M. **Educação em língua materna.** São Paulo: Parábola, 2004 (adaptado).

Na representação escrita da conversa telefônica entre a gerente do banco e o cliente, observa-se que a maneira de falar da gerente foi alterada de repente devido

Ⓐ à adequação de sua fala à conversa com um amigo, caracterizada pela informalidade.

Ⓑ à iniciativa do cliente em se apresentar como funcionário do banco.

Ⓒ ao fato de ambos terem nascido em Uberlândia (Minas Gerais).

Ⓓ à intimidade forçada pelo cliente ao fornecer seu nome completo.

Ⓔ ao seu interesse profissional em financiar o veículo de Júlio.

Observe a situação descrita. Provavelmente você escolheria a alternativa "a" como correta por causa das inferências. Você infere que a linguagem da gerente se modifica, passando de um tom formal para um tom descontraído e informal, porque ela reconhece o interlocutor no momento em que ele se identifica.

Sendo ele um amigo, a linguagem da gerente automaticamente procura se ajustar ao novo contexto de interação verbal. Você infere, pela linguagem coloquial, que eles são ou foram amigos íntimos. Ela o chama pelo diminutivo, "Julinho", trata-o por "cara", faz abreviações de palavras ("cê", "tá", "inda") e o convida para conversarem com calma, possivelmente para matar a saudade e colocar as novidades em dia.

Tudo isso foram inferências, porque nada foi dito, mas, por sua experiência, você sabe que, nas relações pessoais e sociais, a linguagem tende a adequar-se às situações.

Nas questões de interpretação de texto, inferir é uma habilidade importantíssima e, portanto, é preciso que você a domine. Pegue provas antigas do Enem e resolva as questões de análise e interpretação textual o máximo que puder!

33

Interpretar é desvendar

Se você tem um animal de estimação, já viveu a experiência de ver o bichinho mal, doente, sem vontade de comer e brincar. O que fazer? Claro, levá-lo ao veterinário! Mas, se diagnosticar uma doença em seres humanos, que falam, já é difícil, que dirá num bicho!

Imagine um gato doente chegando a uma clínica veterinária. Primeiro, o veterinário faz uma série de perguntas ao dono do animal: se o gato tem comido, se tem vomitado, se tem defecado e urinado, qual a cor das fezes, há quantos dias está doente etc. Depois, observa e analisa o bichano, apalpa-o, coloca o termômetro para ver se tem febre, puxa a sua pele para ver se está desidratado, enfim, faz os exames possíveis.

Com a análise, o veterinário levanta algumas hipóteses sobre prováveis doenças que possam ter acometido o gato. A partir delas, ele provavelmente pede alguns exames laboratoriais, como exame de sangue, de urina, ultrassonografia etc.

Ao chegarem os resultados dos exames, o médico precisa observá-los e analisá-los, verificando, por exemplo, se a urina e o sangue estão dentro do padrão de normalidade e se as imagens da ultrassonografia revelam algo diferente.

Unindo todas as informações que colheu — as do relato do dono do animal, as do exame clínico e as dos exames laboratoriais — ele agora está em condições de chegar ao diagnóstico da doença. Mas, para isso, ainda vai precisar **interpretar** todas as informações que colheu, ou seja, relacioná-las, compará-las, analisá-las, levantar hipóteses, inferir, concluir.

Nas provas do Enem, a ação de interpretar não é diferente. Ela é uma operação precedida e preparada por diversas outras ações, tais como levantar hipóteses, analisar, comparar, estabelecer relações, inferir, dentre outras.

Interpretar um texto, portanto, é um processo de desvendamento do texto, que passa por diversas operações com o objetivo de extrair-lhe os implícitos, buscar pistas e juntar partes, em busca de um todo significativo.

34

A interpretação de textos na hora H

Leia esta questão da área de Linguagens, Códigos e suas Tecnologias de uma das provas do Enem para entender como é requerida a habilidade de interpretar, isto é, de decifrar o que está implícito no texto, acrescentando-lhe sentido, lendo nas entrelinhas, preenchendo-lhe os vazios e ampliando seu conteúdo:

O poema abaixo pertence à poesia concreta brasileira. O termo latino de seu título significa "epitalâmio", poema ou canto em homenagem aos que se casam.

EPITHALAMIUM – II

he = ele
& = e
She = ela

S = serpens
h = homo
e = eva

Pedro Xisto — 1966

Considerando que símbolos e sinais são utilizados geralmente para demonstrações objetivas, ao serem incorporados no poema "Epithalamium — II",

A adquirem novo potencial de significação.

B eliminam a subjetividade do poema.

C opõem-se ao tema principal do poema.

D invertem seu sentido original.

E tornam-se confusos e equivocados.

O poema de Pedro Xisto pertence à estética concretista, que, entre outras características, incorpora a forma visual do poema como elemento importante na construção do sentido.

O poema é articulado em torno de uma figura que é a síntese visual de várias palavras e símbolos, como afirma o enunciado — *he*, *she*, &, *S*, *h* e *e* — e de uma espécie de legenda, que facilita a tarefa de decifração da figura central. Nessa figura, um *S* enlaça os elementos masculino e feminino (*he* e *she*, do inglês), permitindo a leitura *he* & *she*. O símbolo &, frequentemente usado em sociedades comerciais, sugere a natureza econômica do casamento, vista também como uma espécie de empreendimento financeiro.

À direita, as legendas remetem a um tempo mítico de Adão e Eva e ao pecado original, sugerindo que o enlace entre homem e mulher remonta aos tempos da origem da humanidade e é próprio da natureza humana.

O que acabamos de fazer foi **interpretar** o poema. É claro que, para isso, tivemos de mobilizar várias outras habilidades: observamos, analisamos, identificamos elementos, relacionamos...

Essa questão do Enem explora apenas um dos aspectos da interpretação do poema, o de que os símbolos e os sinais, no poema, adquirem um potencial diferente de sentidos. A resposta correta, portanto, é a "a".

Aprendeu a interpretar? Continue praticando!

35

De onde se conclui que...

Outro dia, dois rapazes estavam conversando. Um dizia ao outro que precisava voltar a estudar e fazer uma faculdade, pois estava sem muitas perspectivas no trabalho e na carreira profissional. Analisando sua situação e comparando-a à de outros colegas da empresa, que tinham nível superior ou especializações, notava que, enquanto os outros alcançavam promoções e aumentos salariais, ele se limitava a fazer as funções de sempre e a receber o mesmo salário.

Concluiu, assim, que sua situação era complicada não apenas na empresa em que trabalhava, mas no mercado de trabalho como um todo. Num quadro social de desemprego e mercado competitivo, onde conseguiria arrumar um emprego melhor tendo apenas o ensino médio como formação escolar?

Por outro lado, como já passava dos 30 anos, tinha receio de fazer uma faculdade em quatro anos porque demoraria muito tempo para terminar o curso. Concluiu, então, que precisava de um curso mais curto, de dois anos, para ganhar tempo. Depois, poderia fazer outras especializações e, assim, estaria hábil para concorrer no mercado de trabalho.

Se você notar, para o indivíduo chegar a essa **conclusão**, ele teve de analisar e avaliar as circunstâncias de sua vida, comparar sua condição à de seus colegas, buscar as causas de sua estagnação profissional, levantar hipóteses sobre a possibilidade de voltar a estudar, comparar os tipos de curso superior que poderia fazer e, finalmente, **concluir** para tomar uma decisão.

Esse tipo de operação mental é solicitada em questões de vestibulares e no Enem na resolução de um problema, mas é uma das últimas etapas de raciocínio. Depois dela, restam poucas operações, como justificar ou explicar, pois *concluir* é chegar a um resultado, a uma decisão, a uma afirmação *final*.

Numa questão dissertativa, por exemplo, ela pode ser a própria resposta; numa questão de múltipla escolha, resta apenas examinar as alternativas e escolher a que traduz melhor a conclusão. Mas lembre-se: como operação final de um processo, dificilmente você vai conseguir chegar à conclusão sem lançar mão de outras operações.

36

Concluindo...

Esta questão do Enem exige de você várias operações para concluir a resposta correta. Observe:

Os mapas abaixo apresentam informações acerca dos índices de infecção por leishmaniose tegumentar americana (LTA) em 1985 e 1999.

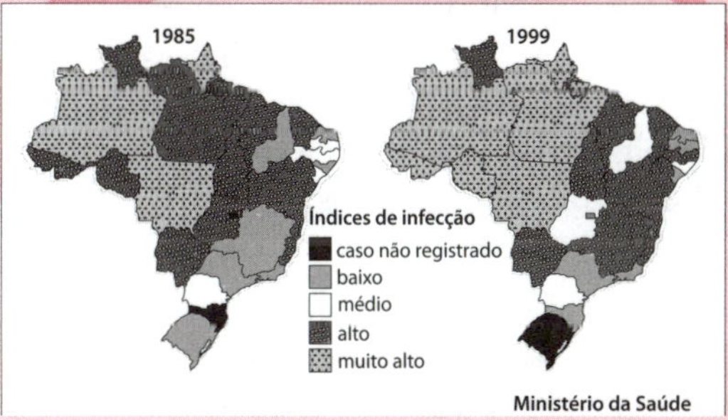

A partir da leitura dos mapas acima, conclui-se que

Ⓐ o índice de infecção por LTA em Minas Gerais elevou-se muito nesse período.

B o estado de Mato Grosso apresentou diminuição do índice de infecção por LTA devido às intensas campanhas de saúde.

C a expansão geográfica da LTA ocorreu no sentido norte-sul como resultado do processo predatório de colonização.

D o índice de infecção por LTA no Maranhão diminuiu em virtude das fortes secas que assolaram o estado nesse período.

E o aumento da infecção por LTA no Rio Grande do Sul resultou da proliferação do roedor que transmite essa enfermidade.

Para resolver essa questão, você precisa ler cuidadosamente o enunciado e *identificar* os dados que estão explícitos na questão, ou seja, precisa notar que a questão se refere aos índices de infecção por leishmaniose tegumentar americana (LTA) no Brasil, entre 1985 e 1999, e apresenta, por meio de dois mapas, os índices de infecção por Estados e regiões.

Embora a questão não seja difícil, exige que, por meio da *memória*, você acione alguns conhecimentos prévios simples, tais como a localização de alguns Estados brasileiros no mapa do país e a identificação da região a que eles pertencem.

Você terá ainda de *comparar* os dois mapas e *interpretar* as legendas, além de *analisar* cada um dos itens da questão, *relacionando-os* com as informações fornecidas pelo mapa.

Observe que todas essas operações de leitura são necessárias para o exame do item "a" e, realmente, pela análise, você consegue chegar à conclusão de que houve um aumento da LTA entre 1985 e 1999 no estado de Minas Gerais — resposta correta! Nos outros itens, você dependerá não apenas da leitura, mas também de conhecimentos prévios, tais como saber se realmente houve campanhas de saúde no Mato Grosso; se o processo de colonização norte-sul foi predatório, se houve secas no Maranhão nesse período, ou se no Rio Grande do Sul houve proliferação do roedor que transmite a doença.

Mesmo que você não tenha conhecimento de todas essas informações complementares, é possível acertar a questão, que depende basicamente de habilidades de leitura. Lembre-se: no Enem, o domínio das habilidades de leitura tem mais importância do que a memorização de informações disponíveis. Assim, deter-se nas informações do enunciado e de textos complementares — tabelas, gráficos, mapas, imagens — e desenvolver as várias operações cognitivas necessárias são o caminho seguro para obter sucesso nesse tipo de exame.

37

Quem não se explica...

Você já presenciou um casal de namorados discutindo? É mais ou menos assim:

— Eu te liguei milhões de vezes, enviei mil torpedos pro seu celular e você nem, nem...

— Mas, meu amor, eu te avisei... Fui pra praia com uns amigos e coloquei o celular no silencioso e não senti vibrar.

— E por que não?

— Você sabe que, na praia, só vou de bermuda, não gosto de sunga. Pois é, então, pus o celular num daqueles bolsos largos das pernas e não percebi que você ligou, meu amor!

— Não percebeu que eu liguei das onze e meia da manhã até as seis da tarde? Poxa!

— Não olhei, sei lá... No bate-papo com o pessoal, eu me distraí...

— Se distraiu com quê, posso saber?

— Afe! Sou sempre 100% com você, quando sou 90% é esse drama! Valha-me Deus...

— Você não percebe que o problema não é se distrair nem não sentir o vibra do celular... O problema é você não sentir saudade durante seis horas e meia, ou seja, quase o dia todo! Acho que eu é que preciso mudar a minha postura e fazer o mesmo com você. Depois, não reclama!

Essa situação ilustra bem o que é **explicar**: explicitar a relação entre fatos e ideias, entender o porquê de algum fato ou ideia por meio de elementos ou argumentos. Nesse tipo de operação, a relação de causa e consequência é fundamental.

Veja que, na discussão dos namorados, o rapaz está tentando explicar à moça a causa de seu "sumiço". O problema é que, na visão dela, a explicação ou os motivos que ele apresenta são muito fracos e só confirmam o desinteresse dele por ela. Afinal, quando se gosta de alguém, é natural sentir saudades e ter vontade de ligar, não? Embora o namorado não seja lá muito convincente, o que ele fez a todo momento foi explicar à moça o que aconteceu.

Em vários momentos de sua vida, você também utiliza a habilidade de explicar. Isso porque, no convívio social, em muitas circunstâncias precisamos explicar nosso comportamento, nossas ideias ou convicções. E, se você não quiser fracassar nas explicações, como o namorado, precisa dominar essa habilidade muito bem.

38

Explique-se!

Veja como a habilidade de explicar é explorada numa questão da área de Ciências Humanas e suas Tecnologias do Enem:

> Os lixões são o pior tipo de disposição final dos resíduos sólidos de uma cidade, representando um grave problema ambiental e de saúde pública. Nesses locais, o lixo é jogado diretamente no solo e a céu aberto, sem nenhuma norma de controle, o que causa, entre outros problemas, a contaminação do solo e das águas pelo chorume (líquido escuro com alta carga poluidora, proveniente da decomposição da matéria orgânica presente no lixo).
>
> RICARDO, B.; CANPANILLI, M. **Almanaque Brasil Socioambiental 2008.** São Paulo, Instituto Socioambiental, 2007.
>
> Considere um município que deposita os resíduos sólidos produzidos por sua população em um lixão. Esse procedimento é considerado um problema de saúde pública porque os lixões

Ⓐ causam problemas respiratórios, devido ao mau cheiro que provém da decomposição.

Ⓑ são locais propícios à proliferação de vetores de doenças, além de contaminarem o solo e as águas.

Ⓒ provocam o fenômeno da chuva ácida, devido aos gases oriundos da decomposição da matéria orgânica.

Ⓓ são instalados próximos ao centro das cidades, afetando toda a população que circula diariamente na área.

Ⓔ são responsáveis pelo desaparecimento das nascentes na região onde são instalados, o que leva à escassez de água.

No Enem, as questões são de múltipla escolha. Logo, as alternativas podem ser a **explicação** do que se afirma no enunciado. Já pensou nisso?

Pois, no caso da questão acima, a alternativa que melhor explica o problema dos lixões nas cidades é a “b”. Por quê? Porque ainda não se encontrou uma solução eficaz para os resíduos sólidos das grandes cidades. Assim, o lixo é levado para a periferia, sendo um sério risco à saúde da população, uma vez que a decomposição dos resíduos orgânicos dá origem ao chorume, que contamina os rios, os lençóis de água subterrâneos e o solo. Esses locais acabam sendo responsáveis pela disseminação de doenças, uma vez que ali se proliferam insetos e pequenos roedores que causam diversas doenças.

Observe que a segunda alternativa estabelece relações corretas de causa e efeito, explicando a afirmação do enunciado segundo a qual os lixões constituem "um problema de saúde pública".

A habilidade de explicar é uma das operações mais solicitadas em questões de leitura e interpretação de textos em todas as disciplinas. Selecione vestibulares anteriores e veja como ela aparece em diferentes áreas. Será um bom treino para você!

39

A justificativa é...

Alguma vez você já teve de justificar uma falta em dia de prova? Você deve se lembrar dos procedimentos habituais: explicar ao professor o motivo da falta e levar um atestado médico à secretaria do colégio. É muito difícil a escola aceitar qualquer outra desculpa que não seja motivo de saúde.

Nas empresas, não é diferente. Se o funcionário fica doente e falta para ir ao médico, ele geralmente tem de trazer um atestado e, além disso, preenche um formulário, no qual justifica por escrito à empresa o motivo da falta.

Veja como costuma ser esse formulário:

À
(empresa ou instituição) ______________________
(departamento responsável) ____________________

Ref.: Justificativa de falta

(Nome)____________________, (nacionalidade) ____________________, (estado civil) __________ ____________________, (profissão) __________ ____________________, inscrito no CPF sob o nº (informar)____________________, venho respeitosamente à presença de Vossa Senhoria informar que, conforme atestado médico anexo, estive sob cuidados médicos durante todo o dia de ontem, razão pela qual fiquei impossibilitado de comparecer ao trabalho.

Requeiro, portanto, o abono da falta, visto que ocorreu por motivo de força maior.

Peço deferimento,

(localidade)________________, (dia) ______ de (mês) __________ de (ano) __________.

(assinatura)

____.

(nome)

____.

Esse é um exemplo simples do nosso cotidiano do que é **justificar**, que nada mais é que provar ou comprovar algo por meio de provas concretas, a fim de legitimar ou validar um acontecimento, um fato, uma situação ou um argumento.

O formulário preenchido por um funcionário e o atestado médico levado por ele à empresa ou por você à secretaria do seu colégio constituem a justificativa para que a falta seja abonada e vocês não sejam vistos como displicentes.

Nas questões de múltipla escolha do Enem, cada uma das alternativas pode ser uma justificativa, falsa ou verdadeira, de uma afirmação feita no enunciado da questão. Considere essa possibilidade ao identificar o que uma questão quer que você faça e encontre a justificativa correta.

40

A justificação nas provas

Leia esta questão da prova de Linguagens, Códigos e suas Tecnologias:

> MOSTRE QUE SUA MEMÓRIA É MELHOR DO QUE A DE COMPUTADOR E GUARDE ESTA CONDIÇÃO: 12X SEM JUROS.

Campanha publicitária de loja de eletroeletrônicos. **Revista Época.** Nº 424, 03 jul. 2006.

Ao circularem socialmente, os textos realizam-se como práticas de linguagem, assumindo configurações específicas, formais e de conteúdo. Considerando o contexto em que circula o texto publicitário, seu objetivo básico é

Ⓐ influenciar o comportamento do leitor, por meio de apelos que visam à adesão ao consumo.

Ⓑ definir regras de comportamento social pautadas no combate ao consumismo exagerado.

Ⓒ defender a importância do conhecimento de informática pela população de baixo poder aquisitivo.

D facilitar o uso de equipamentos de informática pelas classes sociais economicamente desfavorecidas.

E questionar o fato de o homem ser mais inteligente que a máquina, mesmo a mais moderna.

Em provas dissertativas, **justificar** uma resposta significa apresentar as provas de seu raciocínio. Dependendo da disciplina, essas provas podem ser palavras, frases, cálculos, processos, relações de causa e consequência etc. As provas do Enem, entretanto, são de múltipla escolha. Como a justificação é utilizada nesse tipo de questão?

Observe que o enunciado da questão faz uma afirmação verdadeira a respeito do texto publicitário. Essa afirmação consiste de dois períodos: no primeiro, afirma-se que os textos, ao circularem socialmente, realizam-se como práticas de linguagem, assumindo configurações específicas, formais e de conteúdo. O segundo período cumpre o papel de *justificar* o que se afirmou anteriormente; contudo, como se trata de uma questão de múltipla escolha, as provas encontram-se na alternativa correta.

Logo, você precisa examinar atentamente cada uma delas a fim de identificar qual completa adequadamente a justificativa da afirmação inicial. Para isso, precisa dominar alguns conceitos básicos de teoria da linguagem, como intencionalidade discursiva, texto e contexto, gêneros da publicidade etc.

A única alternativa que complementa a justificativa corretamente é a "a", pois a linguagem publicitária, de fato, ao promover um produto, procura influenciar o comportamento do leitor por meio de apelos que visam à adesão ao consumo.

O que acabamos de fazer foi justificar a escolha da resposta correta. Percebeu?

41

O que é demonstrar?

Sabe aquelas feiras de orientação profissional, promovidas por escolas, no ensino médio, ou por universidades? Pois o intuito delas é apresentar os cursos universitários aos estudantes para ajudá-los a escolher a carreira profissional.

Nesse tipo de evento ocorre uma **demonstração** do que é cada uma das carreiras, considerando aspectos da profissão: desde o currículo acadêmico, as possibilidades de especialização e atuação no mercado de trabalho, até o dia a dia do profissional de cada área.

Normalmente, quem apresenta cada uma das profissões é um profissional da área, contando um pouco de sua trajetória na carreira, como vem atuando na profissão, as vantagens e desvantagens dessa escolha profissional etc.

A feira é organizada em estandes, e os interessados percorrem-na escolhendo as demonstrações que querem ver. Por exemplo, a área de odontologia demonstra o trabalho de um dentista por meio de um odontomóvel, isto é, um veículo (geralmente um caminhão) munido de todos os equipamentos necessários para o atendimento odontológico. No estande de enfermagem, o visitante pode participar de aferição de pressão arterial, fazer um exame simples de diabetes, ver como se prestam os primeiros socorros etc. No estande de gastronomia, o visitante pode ver *chefs* executando primorosos pratos ou participar de uma degustação de vinhos e saber como harmonizá-los com carnes e massas.

Em todos esses exemplos, a demonstração é utilizada para expor, para apresentar as profissões. Isto é demonstrar: é mostrar, é descrever de maneira pormenorizada uma ideia, um raciocínio ou um processo por meio de exemplos concretos.

Nas questões do Enem, de múltipla escolha, você não precisa mostrar que tem a habilidade de demonstrar. Precisa, entretanto, reconhecê-la nos enunciados, que, muitas vezes, se utilizam de imagens, por exemplo, para ilustrar o que a questão está pedindo.

42

A demonstração acompanha o enunciado

Esta questão da área de Linguagens, Códigos e suas Tecnologias é um exemplo de como a habilidade de demonstrar é exigida pelo Enem.

(Adaptado)

O voleibol é um dos esportes mais praticados na atualidade. Está presente nas competições esportivas, nos jogos escolares e na recreação. Nesse esporte, os praticantes utilizam alguns movimentos específicos como: saque, manchete, bloqueio, levantamento, toque, entre outros. Na sequência de imagens, identificam-se os movimentos de

Ⓐ sacar e colocar a bola em jogo, defender a bola e realizar a cortada como forma de ataque.

Ⓑ arremessar a bola, tocar para passar a bola ao levantador e bloquear como forma de ataque.

Ⓒ tocar e colocar a bola em jogo, cortar para defender e levantar a bola para atacar.

Ⓓ passar a bola e iniciar a partida, lançar a bola ao levantador e realizar a manchete para defender.

Ⓔ cortar como forma de ataque, passar a bola para defender e bloquear como forma de ataque.

Observe que, nessa questão, houve uma *demonstração* de movimentos do voleibol por meio de fotos. Para responder, você teria de observar e analisar cada uma das imagens e recorrer à memória, comparando os movimentos de que se recorda e relacionando as imagens com as alternativas.

Veja como ocorrem essas operações mentais, que, na realidade, são concomitantes em seu raciocínio. Primeiro, em relação à imagem 1, é preciso observar, analisar e identificar* que a jogadora se prepara para

---

* Leia as dicas 21 e 23 para entender melhor as habilidades de observar, analisar e identificar.

sacar e colocar a bola em jogo; na imagem 2, que o atleta está agachado, defendendo a bola; e, na última imagem, que o jogador corta a bola para atacá-la em cima do bloqueio. Você deve comparar esses movimentos entre si e com os que você recorda. Após essa comparação e análise, vai relacionar a sequência de imagens com cada alternativa e concluir que a mais adequada é a "a".

Em questões de múltipla escolha, não é você quem vai demonstrar nada! A demonstração, geralmente, acompanha o enunciado. Ela pode apenas ilustrar o que se pede ou se afirma, ou complementar o sentido do enunciado por meio de gravuras, esquemas, fotos etc. Cabe a você analisá-la!

43

Conheça os tipos de gráfico

Você já reparou como nossa vida é rodeada por gráficos? Lendo jornais ou revistas impressos, navegando na internet, assistindo à TV, a todo instante estamos em contato com gráficos. Eles nada mais são que representações planas de dados físicos, econômicos, sociais ou outros, por meio de figura, diagrama ou curva. Com eles, pode-se mostrar, por exemplo, uma curva ascendente ou descendente da inflação, o aumento ou a diminuição da pobreza no país, a participação de mulheres no mercado de trabalho ao longo de anos ou décadas, a oferta de emprego para jovens aprendizes e até a participação das instituições de ensino no Enem, dentre muitas outras coisas.

O Enem procura explorar textos reais, que circulam na sociedade. Logo, os gráficos não podiam deixar de participar desse exame. Quando as provas do Enem incluem um gráfico, matam dois coelhos com uma cajadada só: avaliam, por um lado, se você está habilitado para ler esse tipo de texto; por outro, se você sabe extrair de um gráfico as informações necessárias para aplicá-las em outras operações.

Pela forma como se apresentam, os gráficos são chamados de **gráfico de barras** (1), **gráfico em linha** (2) e **gráfico circular** ou **de setores** (gráfico de *pizza*) (3). Observe:

1

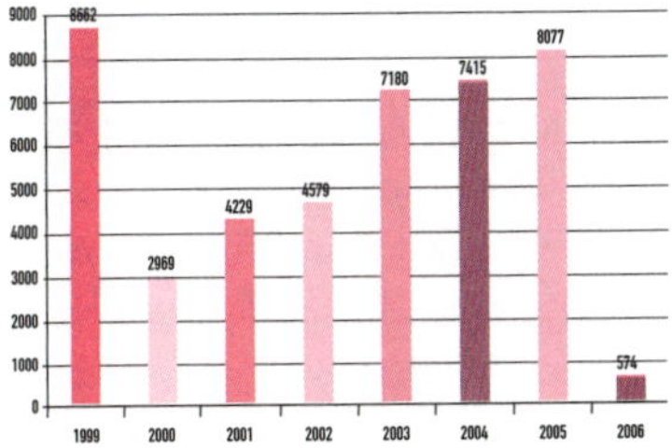

3

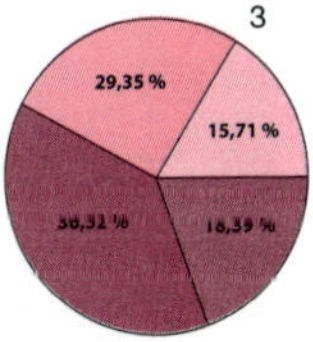

2

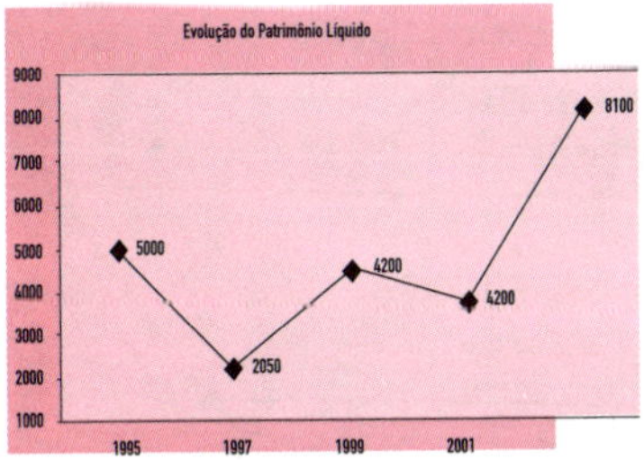

Conheça os tipos de gráfico existentes e se familiarize com eles para sentir-se confortável quando se deparar com um deles na prova.

44

Entre na linha

O gráfico de linha pode ser utilizado em qualquer área do conhecimento para demonstrar a evolução das variações, positivas e negativas, no interior de um processo de mudanças. É um tipo de gráfico adequado para observar, por exemplo, as variações da inflação, a produtividade de uma empresa, os índices de aproveitamento escolar etc. Veja esta questão do Enem:

> Para conseguir chegar a um número recorde de produção de ovos de Páscoa, as empresas brasileiras começam a se planejar para esse período com um ano de antecedência. O gráfico a seguir mostra o número de ovos de Páscoa produzidos no Brasil no período de 2005 a 2009.
>
> **Revista Veja.** São Paulo: Abril, ed. 2107, nº 14, ano 42.

De acordo com o gráfico, o biênio que apresentou maior produção acumulada foi

Ⓐ 2004-2005.

Ⓑ 2005-2006.

Ⓒ 2006-2007.

Ⓓ 2007-2008.

Ⓔ 2008-2009.

Observe com atenção o gráfico e as informações apresentadas nas linhas horizontal e vertical. Na horizontal, temos a indicação dos anos; na vertical, a produção de ovos. Utilize a habilidade de identificar para perceber que a questão está pedindo a análise do biênio, e não de cada ano.

Na própria questão há pistas importantes para chegar à resposta, como a afirmação de que "o número de ovos de Páscoa produzidos no Brasil cresce a cada ano". Logo, seria possível inferir que a "produção recorde" será a do último biênio. Mas não chute! Para se certificar desse resultado, é necessário somar os biênios indicados na questão. Assim, teríamos, respectivamente, 184 milhões (2005-6), 193 milhões (2006-7), 206 milhões (2007-8) e 220 milhões (2008-9).

Portanto, a maior produção acumulada no biênio foi de 2008 e 2009, resposta "e". Hipótese comprovada!

45

Aguente a barra

Os gráficos de barra são usados em qualquer área do conhecimento e servem, geralmente, para comparar quantidades.

Esse gráfico é formado a partir de duas linhas: uma na horizontal e outra na vertical. Na horizontal, onde estão as colunas, aparecem as variações de determinado assunto; já a linha vertical permite observar a intensidade dessa variação.

As barras podem aparecer deitadas ou em pé. Se em pé, são chamadas colunas. Quanto maior o comprimento de uma barra, maior o valor que ela representa.

Observe como o gráfico de barras aparece nesta questão do Enem:

> Os dados do gráfico foram coletados por meio da Pesquisa Nacional por Amostra de Domicílios.

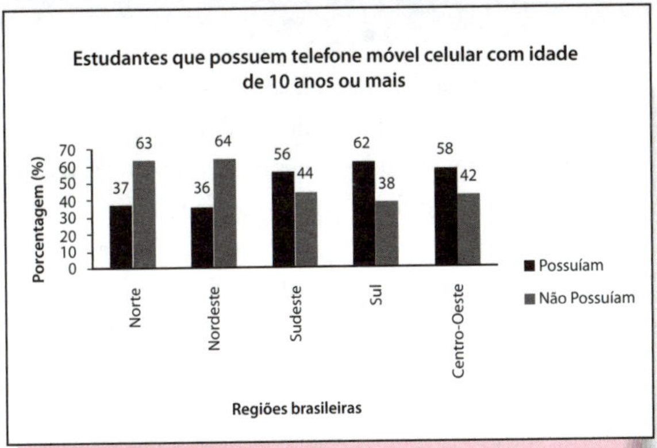

Fonte: IBGE.Disponível em: http://www.ibge.gov.br. Acesso em: 28 abr. 2010 (adaptado).

Supondo-se que, no Sudeste, 14 900 estudantes foram entrevistados nessa pesquisa, quantos deles possuíam telefone móvel celular?

(A) 5 513

(B) 6 556

(C) 7 450

(D) 8 344

(E) 9 536

O gráfico de barras desse exemplo está comparando o número de estudantes que possuem celular móvel no Brasil com os que não possuem. Na linha horizontal, você encontra a variação do assunto — as cinco regiões brasileiras — e, na vertical, a intensidade do assunto — a porcentagem do número de estudantes que possuíam celular móvel na ocasião da pesquisa.

Você deve ter identificado, no enunciado, que a região mencionada é a Sudeste. Portanto, vá direto à coluna da região Sudeste e utilize mais uma vez a habilidade de identificar: pela indicação das cores da coluna (preto e cinza-escuro), a informação de que 56% dos estudantes possuem celular e 44% não possuem. Para saber o que esse percentual representa em termos numéricos, basta você fazer uma continha básica de Matemática, ou seja, 56/100 x 14.900 (estudantes) = = 8.344, resposta "d".

Sem saber ler este gráfico e extrair dele os dados para fazer a operação matemática, você não chegaria ao resultado.

46

Entenda de *pizza*

Também conhecido como *gráfico de setores* e *gráfico de "pizza"*, o gráfico circular é ideal para mostrar partes de uma totalidade e qual a dimensão de cada parte no todo. Cada parte representa um percentual do todo; logo, a soma das partes do círculo resulta 100%. Para facilitar a apreensão do conjunto, as partes podem ser representadas com cores. Além disso, geralmente há uma legenda abaixo da esfera informando o que representa cada uma delas.

O gráfico circular pode ser utilizado, por exemplo, para indicar de que forma estão distribuídos os gastos do governo (saúde, educação, transporte etc.) ou de uma empresa; para mostrar o percentual de adeptos das religiões no país; de cada etnia na população brasileira; das redes sociais com mais participação de jovens; e assim por diante.

Observe como o gráfico circular foi utilizado nesta questão do Enem:

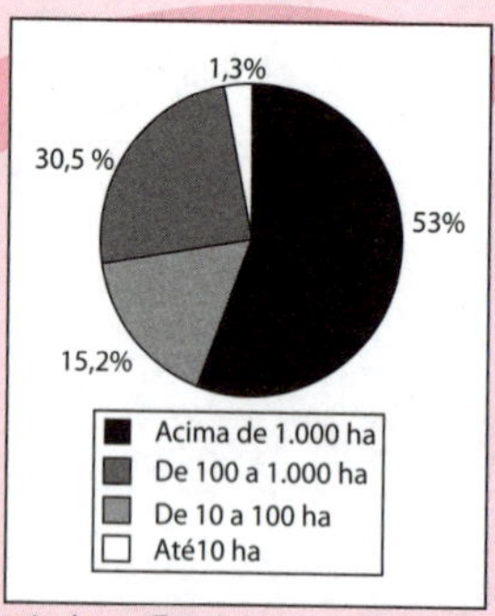

Fonte: Incra, Estatísticas cadastrais 1998.

O gráfico representa a relação entre o tamanho e a totalidade dos imóveis rurais no Brasil. Que característica da estrutura fundiária brasileira está evidenciada no gráfico apresentado?

Ⓐ A concentração de terras nas mãos de poucos.

Ⓑ A existência de poucas terras agricultáveis.

Ⓒ O domínio territorial dos minifúndios.

Ⓓ A primazia da agricultura familiar.

Ⓔ A debilidade dos *plantations* modernos.

O gráfico representa a totalidade dos imóveis rurais no Brasil, e cada fatia dele corresponde a um perfil de imóvel, de acordo com a área que ocupa. Pelas cores indicadas e pela legenda que acompanha o gráfico, você vai identificar que a cor branca representa os imóveis de até 10 ha; a cor cinza-escuro, os imóveis de 10 a 100 ha; a cor cinza-claro, os imóveis de 100 a 1000 ha; e a cor preta, os imóveis com mais de 1000 ha.

Pela análise do gráfico, é possível perceber que a pequena propriedade, de até 10 ha, representa apenas 1,3% dos imóveis rurais, ao passo que a grande propriedade, com mais de 1000 ha, representa 53% dos imóveis. Assim, o gráfico mostra uma tradicional característica do meio rural brasileiro: a concentração de terras, ou seja, há muita gente com pouca terra, e muita terra nas mãos de poucos! Portanto, a alternativa correta é a “a”.

Só quem entende de (gráfico de) *pizza* é capaz de resolver esta questão!

47

Não caia pelas tabelas

Observe esta questão de uma das provas do Enem:

A tabela abaixo representa, nas diversas regiões do Brasil, a porcentagem de mães que, em 2005, amamentavam seus filhos nos primeiros meses de vida.

região	período de aleitamento	
	até o 4º mês (em %)	de 9 meses a 1 ano (em %)
Norte	85,7	54,8
Nordeste	77,7	38,8
Sudeste	75,1	38,6
Sul	73,2	37,2
Centro-Oeste	83,9	47,8

Ministério da Saúde, 2005.

Ao ingerir leite materno, a criança adquire anticorpos importantes que a defendem de doenças típicas da primeira infância. Nesse sentido, a tabela mostra que, em 2005, percentualmente, as crianças brasileiras que estavam mais protegidas dessas doenças eram as da região

Ⓐ Norte.

Ⓑ Nordeste.

Ⓒ Sudeste.

Ⓓ Sul.

Ⓔ Centro-Oeste.

Sempre que você se deparar com uma tabela no exame, leia-a com atenção, leia o enunciado e observe as afirmações feitas a respeito do assunto. *Analise* todos os dados da tabela — no caso, as regiões do Brasil e o período de aleitamento. Leia a segunda parte do enunciado e *identifique* o que se pede; se possível, grife. O enunciado pede que você assinale a alternativa que identifica a região em que as crianças são mais protegidas contra as doenças da primeira infância. Volte à tabela e *compare* e *interprete* os dados fornecidos por região. Ao interpretar os dados, observará que os índices percentuais mais elevados até o 4º mês e de 9 meses a 1 ano estão na região Norte, com 85,7% até o 4º e 54,8% para a faixa etária de 9 meses a 1 ano. Então, você vai *concluir* que a alternativa correta é a "a".

Ler tabelas não é difícil! Geralmente, a resposta está no próprio texto analisado, como ocorreu nessa questão; portanto, basta fazer uma leitura atenta e pormenorizada. Mas nem sempre é assim. Em alguns casos, além de analisar e interpretar os dados fornecidos pela tabela, você também terá de dominar o conteúdo específico da disciplina e fazer algumas continhas! Isso ocorre, principalmente, em questões da área de Matemática e suas Tecnologias.

Conclusão: saiba ler tabelas, mas não se esqueça dos conteúdos específicos, pois você também será avaliado por eles.

48

Leia tirinhas e HQs

Leia esta questão da área de Ciências Humanas e suas Tecnologias de uma prova do Enem:

QUINO. **Toda Mafalda.** São Paulo: Martins Fontes, 1991.

Democracia: "regime político no qual a soberania é exercida pelo povo, pertence ao conjunto dos cidadãos."

JAPIASSÚ, H.; MARCONDES, D. **Dicionário Básico de Filosofia.** Rio de Janeiro: Zahar, 2006.

Uma suposta "vacina" contra o despotismo, em um contexto democrático, tem por objetivo

Ⓐ impedir a contratação de familiares para o serviço público.

Ⓑ reduzir a ação das instituições constitucionais.

Ⓒ combater a distribuição equilibrada de poder.

D evitar a escolha de governantes autoritários.
E restringir a atuação do Parlamento.

A questão apresenta uma tira de Quino, o famoso cartunista argentino, e o verbete "democracia", extraído de um dicionário. Você precisa ler a tira e relacioná-la com o verbete. Para responder à questão com tranquilidade, ajudaria bastante ter alguns conhecimentos prévios da área de História, como o significado de despotismo, regime político, contexto democrático, Parlamento. Saber algo a respeito da personagem ou de seu criador, Quino, também pode ajudar.

As tiras podem ser o único texto para leitura e análise, mas, geralmente, vêm acompanhadas de outro texto, para que você estabeleça relações entre eles*. É uma questão rica, pois exige algumas operações mentais complexas. Além de mobilizar o conhecimento prévio que está em sua memória, é necessário interpretar a tira, no seu aspecto verbal e visual, e relacioná-la à citação do dicionário, analisar cada uma das alternativas e levantar hipóteses para chegar a uma conclusão sobre a alternativa correta: alternativa "d".

As histórias em quadrinho, quando inteligentes e bem exploradas, podem ser um bom desafio para a interpretação de textos. Se você gosta de quadrinhos, continue lendo-os; se não, comece a ler rápido, pois caem no exame. Mas comece pelos bons autores. Quino, Mordillo, Nik, Laerte e Angeli são um bom começo!

---

* A habilidade de relacionar está explicada na dica 29.

49

Olha a foto!

Observe esta questão (adaptada) da área de Linguagens, Códigos e suas Tecnologias do Enem:

O desenvolvimento das capacidades físicas (qualidades motoras passíveis de treinamento) ajuda na tomada de decisões em relação à melhor execução do movimento. A capacidade física predominante no movimento representado na imagem é

Ⓐ a velocidade, que permite ao músculo executar uma sucessão rápida de gestos em movimentação de intensidade máxima.

Ⓑ a resistência, que admite a realização de movimentos durante considerável período de tempo, sem perda da qualidade da execução.

C a flexibilidade, que permite a amplitude maxima de um movimento, em uma ou mais articulações, sem causar lesões.

D a agilidade, que possibilita a execução de movimentos rápidos e ligeiros com mudanças de direção.

E o equilíbrio, que permite a realização dos mais variados movimentos, com o objetivo de sustentar o corpo sobre uma base.

As questões do Enem trabalham com diferentes linguagens e uma delas é a fotografia. Geralmente, retratam fatos do cotidiano como trânsito, poluição, esportes etc. A fotografia não está na questão apenas para ilustrá-la! Ela pode ser o próprio texto para ser lido e interpretado, como pode complementar um texto verbal escrito.

Observando e analisando a foto da questão, identificamos uma adolescente; se levantarmos hipóteses sobre o que ela está fazendo, notamos que faz alongamento; identificando o que está vestindo, sabemos que são roupas próprias para ginástica. Você percebe quantas informações podem ser extraídas de uma foto, apenas observando e analisando? Examinando as alternativas, você facilmente chegaria à "c", pois as outras tratam de velocidade, resistência, agilidade e equilíbrio, todas incompatíveis com o que você observou.

Não se esqueça de que a foto é um texto e, como tal, deve ser observada, analisada, interpretada e relacionada com o que se pede na questão! Boa leitura!

50

Tem pintura na prova!

Observe esta questão da área de Ciências Humanas e suas Tecnologias de uma prova do Enem:

Jean-Baptiste Debret. **Entrudo**, 1834.

Na obra **Entrudo**, de Jean-Baptiste Debret (1768-1848), apresentada acima,

Ⓐ registram-se cenas da vida íntima dos senhores de engenho e suas relações com os escravos.

Ⓑ identifica-se a presença de traços marcantes do movimento artístico denominado Cubismo.

C identificam-se, nas fisionomias, sentimentos de angústia e inquietações que revelam as relações conflituosas entre senhores e escravos.

D observa-se a composição harmoniosa e destacam-se as imagens que representam figuras humanas.

E constata-se que o artista utilizava a técnica do óleo sobre tela, com pinceladas breves e manchas, sem delinear as figuras ou as fisionomias.

Assim como os quadrinhos, a charge e os cartuns, também a pintura está nas provas do Enem. A pintura e outras linguagens não verbais ou mistas geralmente aparecem em questões interdisciplinares, ora permitindo um cruzamento com Literatura, ora com História, ora com Geografia, e assim por diante.

Para resolver a questão acima, você nem precisaria saber o que é *entrudo* — festa popular trazida pelos portugueses no século XVI e que mais tarde daria origem ao nosso carnaval. Porém, seria útil ter algum conhecimento sobre artes plásticas no Brasil ou, especificamente, sobre a obra de Debret, pintor francês que veio para o Brasil em 1816, logo depois de a Coroa portuguesa ter se mudado para cá. Foi um ótimo retratista dos costumes da vida brasileira da metade do século XIX.

Partindo disso, você teria de observar, *analisar* e *interpretar* a cena pictórica em todos os seus detalhes, *relacionando-a* com cada alternativa. Ao executar esse processo, concluiria que a primeira é inadequada, pois não há um registro de cenas da vida íntima dos senhores com seus escravos; as alternativas "b" e "e" também não servem porque a pintura não apresenta características cubistas nem impressionistas (aqui, você precisaria ter conhecimento das principais características desses movimentos); a "c" também não está correta, pois a pintura retrata uma festa, e não "fisionomias, sentimentos de angústia e inquietações"; portanto, você deduziria que a alternativa mais adequada é a "d".

Em seus estudos para o exame, inclua livros de pintura ou navegue pela internet pelos museus do mundo! Observe as características gerais de cada escola, dos pintores mais representativos de cada época. Quer uma sugestão? Leia *Para entender a arte*, de Robert Cumming (Editora Ática). Com certeza, ele vai aprimorar o seu olhar estético, além de ajudá-lo nas provas do Enem.

51

Múltipla escolha

Você acha que prova boa de verdade é a que apresenta questões dissertativas em vez de questões de múltipla escolha? Ledo engano! Nos exames, você pode encontrar excelentes questões de múltipla escolha. Não depende do tipo de questão, mas do conteúdo e das operações que ela mobiliza. Veja, por exemplo, esta questão da área de Códigos e Linguagens.

S.O.S Português

Por que pronunciamos muitas palavras de um jeito diferente da escrita? Pode-se refletir sobre esse aspecto da língua com base em duas perspectivas. Na primeira delas, fala e escrita são dicotômicas, o que restringe o ensino da língua ao código. Daí vem o entendimento de que a escrita é mais complexa que a fala, e seu ensino restringe-se ao conhecimento das regras gramaticais, sem a preocupação com situações de uso. Outra abordagem permite encarar as diferenças como um produto distinto de duas modalidades da língua: a oral e a escrita. A questão é que nem sempre nos damos conta disso.

S.O.S Português. **Nova Escola**. São Paulo: Abril, ano XXV, nº 231, abr. 2010 (fragmento adaptado).

O assunto tratado no fragmento é relativo à língua portuguesa e foi publicado em uma revista destinada a professores. Entre as características próprias desse tipo de texto, identificam-se as marcas linguísticas próprias do uso

Ⓐ regional, pela presença de léxico de determinada região do Brasil.

Ⓑ literário, pela conformidade com as normas da gramática.

Ⓒ técnico, por meio de expressões próprias de textos científicos.

Ⓓ coloquial, por meio do registro de informalidade.

Ⓔ oral, por meio do uso de expressões típicas da oralidade.

Nas questões do Enem, não há "pegadinhas" nem a tradicional alternativa "nenhuma das anteriores". Sempre há uma alternativa correta, e ela nem sempre é mais bem elaborada ou mais longa do que as outras.

Para responder questões de múltipla escolha, você pode seguir estes passos:

1. leia o texto e as alternativas por inteiro;

2. observe a fonte do texto, isto é, de onde foi retirado, onde foi publicado ou divulgado, pois é uma informação que pode ajudar bastante;

3. releia o texto e a questão proposta, observando e grifando as frases que julgar mais importantes;

4. identifique o núcleo da questão, ou seja, o que ela quer de você;

5. analise cada alternativa e compare-as com as informações que você destacou.

Uma das alternativas certamente estará mais bem relacionada com o núcleo da questão.

No enunciado da questão na página anterior, por exemplo, há a informação de que se trata de "uma revista destinada a professores". Ele pede que você identifique as marcas linguísticas presentes no texto. Ora, com base nessa informação, se você se lembra ou se levanta hipóteses sobre como é a linguagem regional, ou a literária, ou a coloquial, facilmente deduzirá que todos esses itens são incorretos. Se se trata de uma revista impressa, o item "linguagem oral" também seria facilmente eliminado. Logo, não é difícil concluir que a única alternativa possível é a "c", pois, de fato, o texto apresenta algumas expressões técnicas e conceitos próprios da área de língua portuguesa e da educação, como "modalidade da língua", "código", "dicotomia entre fala e escrita" etc. Não é por acaso que o texto foi retirado de uma revista especializada em educação destinada a professores. Daí a importância de identificar a fonte do texto.

52

A resposta está no enunciado

A leitura do enunciado é importante para resolver uma questão. Às vezes, para chegar à resposta correta, basta identificar e compreender as informações dadas.

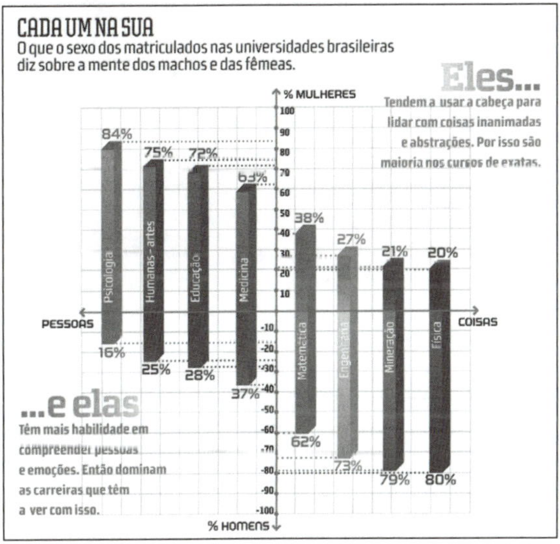

Superinteressante. Ed. 256, set. 2008.

Segundo pesquisas recentes, é irrelevante a diferença entre sexos para se avaliar a inteligência. Com relação às tendências para áreas do conhecimento, por sexo, levando em conta a matrícula em cursos universitários brasileiros, as informações do gráfico asseguram que

Ⓐ os homens estão matriculados em menor proporção em cursos de Matemática que em Medicina por lidarem melhor com pessoas.

Ⓑ as mulheres estão matriculadas em maior percentual em cursos que exigem capacidade de compreensão dos seres humanos.

Ⓒ as mulheres estão matriculadas em percentual maior em Física que em Mineração por tenderem a trabalhar melhor com abstrações.

Ⓓ os homens e as mulheres estão matriculados na mesma proporção em cursos que exigem habilidades semelhantes na mesma área.

Ⓔ as mulheres estão matriculadas em menor número em Psicologia por sua habilidade de lidarem melhor com coisas que com sujeitos.

Nesta questão, por exemplo, composta por informações acompanhadas de um gráfico, é essencial identificar e compreender os dados.

Você acertaria essa questão da área de Linguagens, Códigos e suas Tecnologias apenas lendo os dados com calma. As informações mais importantes para garantir o acerto são: "elas têm mais habilidade em compreender as pessoas e emoções" (inclinação para humanidades), que está na parte inferior esquerda da imagem, e "eles tendem a (...) lidar com coisas inanimadas e abstrações" (inclinação para exatas), localizada na parte superior direita.

Assim, a alternativa "a" não procede, pois quem lida melhor com pessoas são as mulheres; a "c" também não é adequada, porque quem lida melhor com abstrações são os homens; a "d" não está correta, pois o gráfico mostra que homens e mulheres se matriculam em cursos que exigem habilidades diferentes; a "e" também não é adequada porque, segundo as informações lidas, as mulheres lidam melhor com pessoas, e os homens, com coisas. Logo, a alternativa correta é a "b", condizente com os dados apresentados.

Observou como, às vezes, a resposta está no próprio enunciado da questão?

53

Situação-problema todo mundo tem

O Enem avalia os candidatos por meio de situações-problema, isto é, situações cotidianas que todo mundo enfrenta e que tem de resolver ou, pelo menos, tentar resolver.

Veja um exemplo: você ganha mesada, mora com seus pais e está terminando um curso técnico. Com esse dinheiro, paga o lanche na cantina do colégio, o ônibus para ir e vir das aulas e umas sessões de cinema de vez em quando. Se souber poupar, conseguirá comprar o *videogame* dos sonhos. Tudo beleza até que surge a oportunidade de fazer um estágio de meio período em uma empresa legal, mas do outro lado da cidade. E a bolsa-auxílio que você receberá mal cobre as despesas de alimentação, porque você precisa almoçar antes de ir para o trabalho. É mais condução para pagar, menos tempo para se divertir e estudar, mas uma chance de começar uma carreira. O sonho do *videogame* ficará mais longe. O que você faz? Aceita o desafio do estágio?

Primeiro, você precisa *analisar* a situação. Será que precisa mesmo fazer um estágio? Se chegar à conclusão de que isso é imprescindível, terá de avaliar as consequências dessa iniciativa em sua situação financeira e em sua vida. Por exemplo, teria de *levantar hipóteses* sobre como ter menos gastos ou conseguir o dinheiro para cobrir as despesas extras e continuar juntando para comprar o *videogame*. Poderia pleitear o aumento da mesada com seus pais ou fazer algum bico nos finais de semana, lavando carros, consertando computadores, animando alguma festa como *DJ* etc. Poderia levar comida de casa para evitar gastar comendo fora. Na pior das hipóteses, você usaria o dinheiro que poupou, mas ele não dura para sempre.

Se for por esse caminho, você *deduzirá* que, aceitando a oferta do estágio e não encontrando outra fonte de renda, ficará sem reserva financeira; *concluirá* que ficará sem o sonhado *videogame* e terá de contar os centavos durante bom tempo. Será que vale a pena o sacrifício? Você terá ânimo para ir para a balada trabalhando e estudando desse jeito?

Em situações como essa, buscamos saídas a partir de algumas operações mentais importantes, como analisar, levantar hipóteses, comparar, deduzir, concluir, calcular, interpretar etc. Isso é uma típica situação-problema na vida de qualquer pessoa. Na prova do Enem, não é diferente: ela exige de você as mesmas habilidades que você precisa ter no dia a dia para resolver os problemas que aparecem na sua frente. Se ficar apenas olhando para eles, não sairá do lugar.

54

Exercício e situação-problema

O exercício é uma atividade mecânica, na qual algumas habilidades como a *memorização*, a *identificação*, a *classificação* e a *aplicação* são amplamente utilizadas. Em Língua Portuguesa, por exemplo, você pode identificar e classificar palavras e expressões de um texto por seu papel morfológico ou sintático; por meio da memorização, pode indicar ou identificar características de um movimento literário, ou de autores e obras consagrados. Em História, pode memorizar fatos, datas, lugares. Em Biologia, identificar os processos de divisão das células, memorizar o nome e as características de cada divisão, e por aí vai.

Já a situação-problema é uma atividade bem mais complexa, pois exige que você selecione, organize, relacione, interprete dados e informações representados de diferentes formas, para tomar decisões coerentes, para resolver a questão. Não basta "decorar", é preciso raciocinar!

Lino de Macedo, professor da Universidade de São Paulo e um dos mentores da prova do Enem, conceitua problema deste modo:

> "problema é aquilo que se enfrenta e cuja solução, já conhecida ou incorporada, não é suficiente, ao menos como conteúdo. Explico: há problemas que nos desafiam não pela forma, porque essa já é conhecida, mas pelo seu conteúdo, que é novo, inusitado, singular, original. Não é assim, na resolução de palavras cruzadas? Sabemos, por experiência prévia, em que consiste o problema e como se deve resolvê-lo, mas não conhecemos a solução para 'aquele' problema particular, com cujo conteúdo estamos entrando em contato nesse momento.
>
> [...]
>
> Em síntese, exercício é o repetir, como meio para outra finalidade: por exemplo, caminhar para promover um trabalho cardiovascular. Problema é o que surpreende nesse exercício, é o novo, o que supõe invenção, criatividade, astúcia."
>
> ("Competências e habilidades: elementos para uma reflexão pedagógica". Em: *Textos Teóricos Metodológicos. Enem* 2009. Brasília: MEC, 2009. p. 52.)

Portanto, a diferença essencial entre exercício e situação-problema está na complexidade das habilidades envolvidas na questão e na imprevisibilidade da situação-problema.

O exercício envolve fixação por meio de habilidades como identificação, classificação e aplicação de conceito ou fórmula memorizados, isto é, habilidades mais simples e insuficientes para resolver uma situação-problema; já a situação-problema envolve, necessariamente, além dessas operações, outras mais complexas, como analisar, levantar hipóteses, interpretar dados e fatos, fazer inferências etc., e, além disso, com base no domínio de conteúdos e habilidades, improvisar saídas, buscar caminhos que permitam superar algo não previsto, inusitado, que foge ao padrão dos exercícios mecânicos.

55

Resolvendo a situação-problema

Observe esta questão do Enem, da área de Matemática e suas Tecnologias:

> Uma escola recebeu do governo uma verba de R$ 1000,00 para enviar dois tipos de folhetos pelo correio. O diretor da escola pesquisou que tipos de selos deveriam ser utilizados. Concluiu que, para o primeiro tipo de folheto, bastava um selo de R$ 0,65 enquanto para folhetos do segundo tipo seriam necessários três selos, um de R$ 0,65, um de R$ 0,60 e um de R$ 0,20. O diretor solicitou que se comprassem selos de modo que fossem postados exatamente 500 folhetos do segundo tipo e uma quantidade restante de selos que permitisse o envio do máximo possível de folhetos do primeiro tipo.
>
> Quantos selos de R$ 0,65 foram comprados?
>
> Ⓐ 476
>
> Ⓑ 675
>
> Ⓒ 923
>
> Ⓓ 965
>
> Ⓔ 1 538

Essa questão é uma típica situação-problema, ou seja, uma situação comum no cotidiano, que envolve a compra de uma quantidade de selos pelo diretor de uma escola, de acordo com a verba recebida do governo.

Vamos ver os passos que o diretor e o estudante teriam de dar para resolver essa situação-problema.

Primeiro, é necessário *observar*, *identificar* e *analisar* as informações importantes do enunciado, ou seja, que existem dois tipos de folhetos. O primeiro exige apenas um selo de R$ 0,65, e o outro exige três selos: um de R$ 0,65, outro de R$ 0,60 e outro de R$ 0,20, perfazendo um total de R$ 1,45 por folheto. Depois, *deduzir* o seguinte: se foram enviados 500 folhetos do segundo tipo, gastou-se o equivalente a R$ 725 (500 × 1,45). Logo, da verba recebida, sobram apenas R$ 275,00 para a compra de selos para o primeiro tipo de folheto.

Para calcular quantos folhetos desse tipo é possível enviar, basta dividir os R$ 275,00 pelo valor de cada selo, o que resulta em 423 selos, aproximadamente. Assim, foram 423 selos de R$ 0,65 e 500 selos de R$ 0,65, 500 de R$ 0,60 e 500 de R$ 0,20. Se queremos saber quantos selos de R$ 0,65 foram utilizados, basta somar 500 + 423. A resposta é 923 selos, alternativa "c".

Observe que, mesmo sendo uma situação-problema da área de Matemática, você vai utilizar várias habilidades que já conhece de questões da área de

Linguagens, Códigos e suas Tecnologias, ou de outras áreas, como *observar*, *comparar* e *identificar*. É por isso que essas habilidades são chamadas de *transdisciplinares*.

Mas note que, nas questões de exatas, é fundamental que, além de dominar essas habilidades, você também tenha um bom raciocínio lógico-matemático, pois as situações-problema da área de Matemática e suas Tecnologias geralmente exigem a *inferência*, a *dedução* e, sem dúvida, o *cálculo*!

56

Questões mais complexas valem mais

Você será avaliado nas grandes áreas do conhecimento: Ciências Humanas, Ciências da Natureza, Matemática e Linguagens e Códigos. Nesta última área, além da prova, há mais uma avaliação, a da produção de texto. Portanto, sua média final é computada a partir de cinco notas. Contudo, para o cálculo da nota em cada uma das quatro áreas, é utilizada a metodologia da Teoria da Resposta ao Item (TRI).

Isso não é um bicho de sete cabeças e não prejudica ninguém, pois sua nota é calculada de uma maneira muito mais coerente e justa do que em qualquer outra prova que você já tenha feito. O cálculo geralmente utilizado pelos professores é o seguinte: se a prova tem 10 questões, cada uma vale 1 ponto; se você acerta 7 questões, recebe nota 7; se acerta 4, recebe nota 4, e assim por diante. Assim, não se considera a complexidade de cada questão. No cômputo final, fica uma questão pela outra. É um procedimento que acaba mascarando o verdadeiro rendimento do estudante!

Diferentemente desse procedimento tradicional, a nota do Enem não depende apenas do número de questões que você acertou; depende também do grau de dificuldade das questões acertadas. Assim, uma questão complexa vale mais do que uma fácil. Por isso, não adianta comparar o seu número de acertos com o de seu colega, pois vocês podem acertar o mesmo número de questões, mas terem notas diferentes porque, segundo esse critério, podem ter apresentado desempenhos distintos.

Nas diferentes áreas avaliadas, o exame segue uma escala. Nessa escala, a média é 500. Portanto, quanto mais sua média ultrapassa 500, melhor será a sua avaliação de desempenho.

Os limites dessa escala podem variar a cada ano, pois dependem do nível de dificuldade das questões e de como os estudantes se saem em cada questão. Então, o mínimo e o máximo para cada área não são preestabelecidos.

Só para você ter uma ideia, veja, na tabela da próxima página, a menor e a maior nota TRI observadas no Enem 2009 de acordo com a área de conhecimento:

Área de conhecimento	Menor nota TRI	Maior nota TRI
Ciências da Natureza	263,3	903,2
Ciências Humanas	300,0	887,0
Linguagens e Códigos	224,3	835,6
Matemática	345,9	985,1

Agora que já sabe como sua média é calculada, prepare-se bem para poder resolver as questões mais complexas, pois valem mais!

57

Navegue para não boiar

Você utiliza a internet para estudar? Se não utiliza, comece a navegar... Há *sites* e portais ricos em conteúdo, além das redes sociais, onde você pode interagir com outras pessoas e se informar sobre diversos assuntos. Sendo bem utilizada, a internet pode ser uma grande aliada. Você pode aprender muito mais e mais rápido!

O único problema é que você precisa ser muito disciplinado e focar sua atenção nos estudos porque, ao acessar *blogs*, fóruns, vídeos etc., pode ficar tentado a bater papo com os amigos, ouvir músicas, jogar e deixar os estudos de lado. Controle-se e tire o melhor proveito.

Porém, é normal, nessa fase final de preparo para o Enem e para os vestibulares, você ficar cansado, dormir em cima dos livros e não estar a fim de refazer os exercícios que já fez milhões de vezes. Eis um ótimo momento para diversificar seu modo de estudar. Navegue numa rede social e leia depoimentos de outros estudantes que já passaram por isso (o Orkut, por exemplo, tem comunidades específicas sobre o Enem). Isso vai satisfazer sua curiosidade e baixar sua ansiedade. Também, busque na internet informações sobre universidades, cursos, carreiras, especializações e mercado de trabalho. Divirta-se nos *sites* oficiais dos cartunistas Laerte, Angeli, Quino e Mordillo para se familiarizar com tirinhas e HQs.

Nas comunidades de estudantes e vestibulandos, troque informações e exercícios, tire dúvidas sobre os conteúdos das disciplinas; em salas de bate-papo, discuta problemas da atualidade, como as diferenças socioeconômicas em nosso país, considerando critérios como etnia, gênero e anos de estudo; as questões geopolíticas que envolvem o mundo árabe; os problemas relacionados ao meio ambiente, como aquecimento global, falta de água no planeta, usinas nucleares; o tráfico de drogas e de armas, no Brasil e no mundo; tipos de violência e suas consequências; questões de saúde como anorexia e bulimia; valores impostos pela mídia em relação a comportamentos, beleza, moda; enfim, assuntos os mais variados, polêmicos e atuais!

Navegue também em museus de todo o mundo: o Louvre, o Uffizi, o Museu Rodin, o Museu D'Orsay, o Museu do Prado, o Moma (Museu de Arte Moderna) de Nova Iorque, o Masp, entre outros. Neles estão as obras mais consagradas da humanidade em todos os tempos.

Não deixe de navegar também no YouTube para encontrar aulas, documentários e *shows*. Treine seu inglês ou seu espanhol assistindo a reportagens nessas línguas. Outras ferramentas importantes para pesquisar ou dirimir suas dúvidas são o Google, a UOL vestibulares e o próprio *site* oficial do Enem.

A internet abre o mundo num simples toque. Navegue para não boiar!

58

Seja um leitor assíduo

O exame do Enem não exige do estudante conhecimentos da história da literatura, ou seja, não pede reconhecimento de autores e de obras, muito menos características de movimentos literários, como Romantismo, Realismo, Simbolismo, Modernismo etc. Também não cobra a leitura de uma lista de livros, como fazem alguns vestibulares. Se, por um lado, você não tem as famosas listas, por outro, que autores priorizar? Quem e o que ler?

Não tem segredo. Leia bons autores nacionais e alguns portugueses, de todos os movimentos literários que puder, porque o mais importante é ter domínio das habilidades de leitura. Procure sempre estabelecer relações entre o texto lido e o contexto histórico-político-cultural em que foi produzido. Lembre-se de que um texto não nasce por acaso; ele apresenta marcas próprias do estilo do escritor e do movimento literário a que está ligado.

Estabeleça relações também entre obras e autores de uma época com obras e autores de outra. Ou entre a literatura e outras artes e linguagens (a pintura, os quadrinhos, o cinema). As questões do Enem primam por esses cruzamentos de textos e linguagens.

Se você é um leitor assíduo e lê um pouco de tudo — literatura, jornais, revistas, histórias em quadrinhos, cartuns, pintura, artigos científicos —, não terá dificuldade com as questões de interpretação de textos. Contudo, se tiver tempo e quiser se preparar melhor, eis alguns livros indispensáveis para você começar a ler:

Literatura: *Noite na taverna* (Álvares de Azevedo); *Dom Casmurro* e *Memórias póstumas de Brás Cubas* (Machado de Assis); *Vidas secas* (Graciliano Ramos); *Campo geral* (Guimarães Rosa); *Dois irmãos* (Milton Hatoum); *Reunião* (Carlos Drummond de Andrade); *Estrela da vida inteira* (Manuel Bandeira); *Poesia* (Fernando Pessoa).

Pintura: *Para entender a arte* (Robert Cumming) e *História da pintura* (Wendy Beckett).

Fotografia: *O Brasil de Pierre Verger* (Fundação Pierre Verger) e *África* (Sebastião Salgado).

Cartum: *Só dói quando respiro* (Caulos) e *Gente* (Quino).

Quadrinhos: *Classificados* (Laerte) e *Toda Mafalda* (Quino).

São livros maravilhosos, que valem a pena ser apreciados. Se gostar da experiência, continue lendo. Você terá mais chances nos exames. E na vida!

59

A literatura nas provas

Observe como a literatura é explorada nas provas da área de Linguagens, Códigos e suas Tecnologias do Enem:

Soneto

Já da morte o palor me cobre o rosto,
Nos lábios meus o alento desfalece,
Surda agonia o coração fenece,
E devora meu ser mortal desgosto!

Do leito embalde no macio encosto
Tento o sono reter!... já esmorece
O corpo exausto que o repouso esquece...
Eis o estado em que a mágoa me tem posto!

O adeus, o teu adeus, minha saudade,
Fazem que insano do viver me prive
E tenha os olhos meus na escuridade.

Dá-me a esperança com que o ser mantive!
Volve ao amante os olhos por piedade,
Olhos por quem viveu quem já não vive!

AZEVEDO, A. **Obra completa.** Rio de Janeiro: Nova Aguilar, 2000.

O núcleo temático do soneto citado é típico da segunda geração romântica, porém configura um lirismo que o projeta para além desse momento específico. O fundamento desse lirismo é

- **A** a angústia alimentada pela constatação da irreversibilidade da morte.
- **B** a melancolia que frustra a possibilidade de reação diante da perda.
- **C** o descontrole das emoções provocado pela autopiedade.
- **D** o desejo de morrer como alívio para a desilusão amorosa.
- **E** o gosto pela escuridão como solução para o sofrimento.

O enunciado já situa o texto na história literária: "segunda geração romântica". Analisando a alternativa "a", você provavelmente não a assinalaria, porque o texto não diz respeito à *irreversibilidade da morte*; a alternativa "c" também não é correta, pois não há um descontrole provocado pela autopiedade; também não está correta a alternativa "d", uma vez que o eu lírico já se sente morto; e também não é correta a "e", porque ele não busca na escuridão a solução para o sofrimento. A alternativa correta, portanto, é a "b", já que o eu lírico se mostra melancólico, sem forças para reagir, diante da perda da amada. Esse é o núcleo temático do texto!

Agora, a afirmação de que o lirismo do poema vai além do Romantismo exigiria do estudante um conhecimento mais amplo da poesia brasileira de diferentes épocas. A melancolia resultante da frustração amorosa também pode ser encontrada, por exemplo, na poesia de Cruz e Sousa, de Manuel Bandeira e de Florbela Espanca, entre outras.

Como se nota, ter conhecimentos prévios sobre literatura pode ajudar, mas quase sempre a resolução das questões depende mais da sua capacidade de ler, isto é, do desenvolvimento de suas habilidades de leitura.

60

Leitura: uma arquicompetência

Saber ler bem um texto ou o enunciado de uma questão é indispensável para todos os estudantes. Aliás, ler bem é indispensável para qualquer ser humano, independentemente da faixa etária e da escolha profissional, pois, na sociedade contemporânea, precisamos da leitura para fazer quase tudo.

É por esse motivo que o Enem valoriza tanto a *competência leitora* do estudante. Assim, a leitura não é importante apenas para responder às questões de interpretação de texto. Ela é necessária em qualquer disciplina e para qualquer conteúdo, sejam específicos, sejam interdisciplinares.

Veja o que o Enem, em um de seus documentos, afirma sobre a avaliação da leitura nas provas:

> "Todas as situações de avaliação estruturam-se de modo a verificar se o estudante é capaz de ler e interpretar textos em linguagem verbal e visual (fotos, mapas, pinturas, gráficos, entre outros) e enunciados:

— identificando e selecionando informações centrais e periféricas;
— inferindo informações, temas, assuntos, contextos;
— justificando a adequação da interpretação;
— compreendendo os elementos implícitos de construção do texto, como organização, estrutura, intencionalidade, assunto e tema;
— analisando os elementos constitutivos dos textos, de acordo com sua natureza, organização ou tipo, comparando os códigos e linguagens entre si, reelaborando, transformando e reescrevendo (resumos, paráfrases e relatos).

(*Documento Básico Enem*. Brasília: Inep, 1999. p. 9.)

Aqui, o Enem não se refere à leitura na prova de Linguagens, Códigos e suas Tecnologias especificamente, mas ao modo como a leitura será avaliada em *todas* as áreas do conhecimento. Como a leitura perpassa todas essas áreas e a competência leitora é necessária em todas elas, não é apenas uma competência qualquer, mas uma *arquicompetência*.

Observe também as habilidades citadas: identificar, inferir, justificar, analisar. Ser um leitor competente depende do desenvolvimento de todas essas habilidades de leitura.

Lembre-se de que, nas provas, dificilmente vai ser exigida uma única habilidade por questão. O mais provável é que, nas questões mais complexas, como as situações-problema, você tenha de ativar várias habilidades para que o seu raciocínio se processe de maneira ordenada e racional.

Para você que vai prestar o Enem, fica um conselho: leia as provas de exames anteriores e observe como as habilidades são exigidas nas questões. Exercite bastante e boa prova!

Referências bibliográficas

BAKTHIN, Mikhail. *Estética da criação verbal.* São Paulo: Martins Fontes, 1997.

BRASIL. *Eixos cognitivos do Enem*. Brasília: Ministério da Educação/Inep, 2007.

______. Secretaria da Educação Média e Tecnologia. *Parâmetros curriculares nacionais:* ensino médio. Brasília: MEC/SEMTEC, 1999.

______. *Parâmetros curriculares nacionais + ensino médio.* Brasília: MEC/SEMTEC, 2002.

CEREJA, William; MAGALHÃES, Thereza C.; CLETO, Ciley. *Interpretação de textos* — Construindo competências e habilidades em leitura. São Paulo: Atual, 2009.

COLL, César; MARTÍN, Elena. *Aprender conteúdos & Desenvolver capacidades*. Porto Alegre: Artmed, 2004.

INSTITUTO NACIONAL DE ESTUDOS E PESQUISAS EDUCACIONAIS ANÍSIO TEIXEIRA. *Exame Nacional do Ensino Médio (Enem):* fundamentação teórico-metodológica. Brasília: O Instituto, 2005.

______. *Exame Nacional do Ensino Médio (Enem):* textos teóricos-metodológicos. Brasília: O Instituto, 2009.

KLEIMAN, Ângela.; MORAES, Silvia E. *Leitura e interdisciplinaridade*. Campinas: Mercado de Letras, 1999.

KOCH, Ingedore G. V.; BENTES, Anna Christina; CAVALCANTE, Mônica Magalhães. *Intertextualidade:* diálogos possíveis. São Paulo: Cortez, 2007.

MACEDO, Lino de; ASSIS, Bernardete A. (Org.). *Psicanálise & pedagogia.* São Paulo: Casa do Psicólogo, 2002.

______; PETTY, Ana Lucia Sicoli; PASSOS, Norimar Christe. *Aprender com jogos e situações-problema.* Porto Alegre: Artmed, 2000.

MACHADO, Nilson José; MACEDO, Lino de; ARANTES, Valéria Amorim. *Jogo e projeto.* São Paulo: Summus, 2006.

MARTINS, Maria Helena. *O que é leitura.* São Paulo: Brasiliense, 2004.

PERRENOUD, Philippe. *Construir as competências desde a escola.* Porto Alegre: ArtMed, 1999.

SCHNEWLY, Bernard; DOLZ, Joaquim. *Os gêneros orais e escritos na escola.* Tradução e organização de Roxane Rojo e Glaís Cordeiro. Campinas: Mercado de Letras, 2004.

SOLÉ, Isabel. *Estratégias de leitura.* Porto Alegre: ArtMed, 1998.

ZILBERMAN, Regina da Silva (Org.). *Leitura:* perspectivas interdisciplinares. São Paulo: Ática, 1999.

Nelson Toledo

William Roberto Cereja

É professor graduado em Português e Linguística e licenciado em Português pela Universidade de São Paulo. Mestre em Teoria Literária pela Universidade de São Paulo e doutor em Linguística Aplicada e Análise do Discurso pela PUC-SP, é professor da rede particular de ensino em São Paulo, capital, e coautor das bem-sucedidas coleções de livros didáticos de língua portuguesa *Português — linguagens, Gramática reflexiva* e *Todos os textos*.

Ciley Cleto

Nelson Toledo

É professora graduada e licenciada em Português e Mestra em Linguística e Semiótica pela Universidade de São Paulo. É coautora da obra *Interpretação de textos — Construindo competências e habilidades em leitura.*

Créditos das imagens:

p. 25: Reprodução
p. 68, A: Anita Malfatti. Paisagem – Acesso ao Monte Serrat – Santos, s/d
p. 68, B: Anita Malfatti. Vaso de Flores, s/d
p. 68, C: Anita Malfatti. Santa Ceia, s/d
p. 68, D: Anita Malfatti. Nossa Senhora Auxiliadora e D. Bosco, dec. 50
p. 68, E: Anita Malfatti. A Boba, 1915/16/Museu de Arte Contemporânea da Universidade de São Paulo
p. 92: Epithalamium-II. Pedro Xisto, 1966
p. 113, superior, à esquerda: AFP/Getty Images
p. 113, superior, à direita: Maurizio Lagana/Getty Images
p. 113 inferior: AFP/Getty Images
p. 118: Veja/Editora Abril
p. 129: Joaquín Salvador Lavado (Quino). Toda Mafalda, Livraria Martins Fontes Ltda.
p. 131: Thinkstock/Getty Images
p. 133: Jean-Baptiste Debret, Carnaval – Dia d'entrudo, 1823/Museu Castro Maya, RJ
p. 139: Superinteressante/Reprodução/EditoraAbril
gráficos e mapas das p. 58, 97, 117, 121, 124: Rafael Tavares